KB273469

관성 끊기

관성 끊기

반복된 문제를 부수는
최소한의 행동 설계법

DO ONE THING DIFFERENT

빌 오한론 지음 | 김보미 옮김

터닝페이지

가족과 새롭게
사랑을 만들어 가는 법을 가르쳐 준
헬렌 헨드릭슨Helen Hendrickson과
망고Mango에게

20주년을 기념하며

이 책이 처음 인쇄되고 어느새 스무 해가 지났다. 정말 놀랍다. 이 책은 내가 지금까지 쓴 서른여섯 권의 책 중 가장 많은 사랑을 받았다. 대부분의 책이 한두 해만 지나면 절판되는 세상에서 스무 해 동안이나 꾸준히 인쇄되었다는 건 놀라운 일이다.

오프라 윈프리Oprah Winfrey는 이 책을 보고 나를 자신의 프로그램에 초대해 주었다. 오프라는 한 시간 동안 이 책과 이 안의 생각들을 다뤄주었다. 이 일은 이 책이 지금까지 살아남을 수 있었던 이유를 상당 부분 설명해 준다.

이 책은 당시 내가 심리 치료에서 쓰던 다소 파격적인 발상에서 비롯했다. 우리가 왜 이렇게 행동하는지를 굳이 이해할 필요는 없다. 더 행복해지거나 변하기 위해 치료를 받으며 우리의 어린 시절을 수년간 분석할 필요도 없다. 그저 삶에서 잘되지 않는 부분을 알아차리고, 그것을 많이든 조금이든 바꾸는 것만으로도 삶은 달라진다.

얼마 전에 한 독자가 1년간 매일 무언가를 다르게 해보는 실험을 시작했다고 말했다. 삶을 실험처럼 대하니 더 행복해졌고, 새로운 발견도 이어지는 중이라고 했다.

또 다른 독자의 이야기는 훨씬 극적이다. 메일 제목은 '당신의 책이 저의 인생을 구했습니다'였다. 그 여성은 내가 〈오프라 윈프리 쇼Oprah Winfrey Show〉에 출연해 이 책을 설명하는 장면을 보았다. 여성은 나의 문제 접근 방식이 마음에 깊이 와닿았으며, 타당하다고 생각했다고 메일에 적었다.

여성은 자신이 사는 도시에서 내가 제안하는 방식으로 변하는 걸 도와줄 만한 사람이 있는지 물었다. 그는 중독 문제로 힘겨워하고 있었다. 전통적인 치료법을 여러 차례 시도했지만 효과가 없었다. 게다가 경제적 어려움도 겹쳤다. 중독 때문에 신용카드를 잔뜩 썼고, 저축했던 돈마저 바닥났다.

마침 그 지역에 도움이 될 만한 세 사람이 있었기에 나는 그들의 이름과 연락처를 알려주었다. 그리고 그들에게 미리 연락해 이런 사람이 연락할 수도 있으니 치료비를 조금 깎아주면 감사하겠다고 전했다.

여성에게서 짧은 감사 이메일이 왔고, 나는 그것에 답장했다. 그 후로 한동안 여성의 소식을 듣지 못했다.

여성이 보냈던 이메일에는 그의 지난 이야기가 더 담겨 있었다. 여성은 집에서 심하게 학대를 당했고, 10대에 가출해 거리에서 살아야 했다. 거리에서 버티려면 무엇이든 해야 했다. 불법적이거나,

치욕스럽거나, 위험한 일도 마다할 수 없었다. 그 시절, 여성은 결국 헤로인에 손을 댔다.

그러던 어느 날, 길거리에서 예수의 가르침을 전하는 전도자의 소리를 들었다. 그 메시지는 여성의 마음을 깊이 울렸다. 여성은 기독교로 개종하며 다시 태어났다고 믿게 됐다.

여성은 그 전도자를 따르며 후원자이자 신도로 살았다. 전도자는 여성이 거리를 떠나도록 도와주었고, 얼마 뒤 새 교회에서 비서 겸 사무 담당으로 일하게 해주었다.

그 후 몇 년 동안은 삶이 순조로웠다. 교회에서는 예수가 불러온 변화를 증언해 달라며 여성을 종종 교단에 세우곤 했다. 하지만 어느 순간부터 허리 통증이 끊이지 않았다. 만성적인 고통에서 벗어나려면 수술을 받아야 했다. 여성은 의사와 간호사에게 자신이 과거 마약 중독자였으니 중독성이 있는 약물은 절대 쓸 수 없다고 말했다. 의사는 여성에게 새로 나온 진통제인 옥시콘틴을 권하며 중독성이 없다고 말했다. 하지만 지금, 세계의 모두가 알다시피 그 말은 잘못되었다. 옥시콘틴은 강한 중독성을 가진 약이었다.

여성은 곧 옥시콘틴에 의존하게 됐다. 그리고 합법적인 처방이 끝나자 거리에서 약을 사기 시작했다. 여성은 가진 돈을 모두 써버렸고, 빚까지 지게 됐다. 신용카드도 한도까지 사용했다. 집을 담보로 대출까지 받았다. 여성은 전통적인 치료법과 열두 단계 회복 프로그램(1930년대 알코올의존증환자갱생회Alcoholics Anonymous에서 개발된 회복 프로그램-옮긴이)도 시도했지만 효과가 없거나, 자신에게 맞지 않았다고 했다. 내가 추천한 치료사들에게도 연락했지만 그들이 치료비를 깎아주었어도 그 비용을 감당할 수 없었다. 그럼에도 여성은 내 방식이 자신에게 도움이 될 수 있다는 생각을 버리지 않았다.

교회 사람들에게는 이 사실을 말할 수 없었다. 여성이 교회의 돈을 관리하고 있었기에 신뢰받지 못할까 봐 두려웠고, 신앙심이 부족하게 비칠까 걱정됐다. 중독을 숨기는 일은 여성에게 더 큰 스트레스가 됐고, 외롭고 의지할 곳이 없는 상황을 만들었다. 여성은 결국 내 책을 다시 읽었다. 여성은 이 안의 원칙을 적용해 중독을 이겨 내 보기로 했다.

여성은 매일 투여하는 약을 아주 조금씩 줄이기로 계획했다. 몸이 알아차리지 못할 정도로만 양을 줄이고, 그다음 날은 전날보다 아주 조금 더 약을 덜어냈다. 그렇게 하루하루 약을 조금씩 줄여갔다. 약을 너무 많이 줄이면 금단 증상이 나타나고, 갈망이 심해지기 때문이었다. 책에서는 차이를 만들 수 있는 가장 작은 변화를 시도하라고 권했고, 여성은 그 조언을 끝까지, 충실히 따랐다.

여성은 이렇게 작은 변화 만들기 방식으로 여덟 달쯤을 버텼고, 옥시콘틴을 완전히 끊었다. 내게 다시 이메일을 보냈을 때는 이미 넉 달째 약을 끊은 상태였다.

그 이메일을 읽었을 때 나는 깊이 감동했고 놀랐다. 한 번도 본 적 없는 누군가가 내가 쓴 책이 자신의 목숨을 구했다며 이메일을 쓰다니. 그 이메일을 읽는 기분을 상상할 수 있겠는가?

그 순간 이 책을 쓰고, 다듬고, 세상에 알리느라 보냈던 나날이 전부 값진 시간이 되었다. 이 일은 나의 하루를 빛나게 해주었고, 나아가 내 삶을 가치 있게 만들어 주었다. 나는 사람들을 도와 그들의 고통을 덜어주려고 치료사가 되었다. 그 과정에서 한 번도 만난 적 없는 사람을 그렇게 근본적으로 도운 건 예상치 못한 선물이었다.

물론 이 책이 모든 독자를 극적으로 변하게 하지는 않을 것이다. 그러나 꼭 필요한 사람에게 메시지를 전하고, 그 안에서 나름의 가치를 지닌다면 그것만으로도 충분히 기쁠 것이다.

이 책은 막바지까지 지금의 제목을 갖지 못했다. 원래 제목은 '해결 지향적 삶Solution-Oriented Living'이었다. 하지만 나 말고는 아무도 좋아하지 않았다. 그래서 글을 쓰는 내내 더 나은 제목을 찾으려 애썼다.

다른 후보들이 정확히 뭐였는지는 기억나지 않지만, 하나는 또렷이 기억한다. 나는 '아프리카 제비꽃 여왕The African Violet Queen'이라는 제목도 제안했다. 이 이야기가 책 초반에 실려 있기 때문이다. 그러나 책이 출간된 뒤, 윌리엄모로William Morrow 출판사의 편집자 토니 시아라 포인터Toni Sciarra Poynter가 이렇게 말했다.

"그 제목으로 출간하지 않아서 다행이에요. 서점 직원이 원예 섹션에 꽂아버렸을 테니까요. 그러면 아무도 찾지 못했을 거예요."

토니의 말이 맞았다. 그 생각은 전혀 못 했는데, 좋은 지적이었다.

결국 인쇄 직전, 하퍼콜린스HarperCollins 출판사의 편집장이 이렇게 말했다.

"이 책의 주제는 변하기 위해 한 가지를 다르게 해보라는 겁니다.

그러니 《하나만 다르게 행동하라Do One Thing Different》라고 합시다."

우리는 서로 얼굴을 바라봤다. 너무도 분명하고 당연한 제목이라 어째서 아무도 이 제목을 떠올리지 못했을까 생각했다. 그렇게 제목이 정해졌다.

이 책은 제목 덕분에 〈오프라 윈프리 쇼〉에 소개되었다. 나는 그 쇼의 제작사인 하포Harpo의 프로듀서에게 어떻게 이 책이 프로그램에 오르게 되었는지 물었다. 그는 이렇게 설명했다. 오프라는 매회 시청자들에게 당장 삶을 바꿀 수 있는 한 가지 비법을 전하고 싶어 했다. 우연인지 아니면 운명인지, 내 책이 그날 하포 사무실에 도착했다. 프로듀서는 제작 회의에 책을 가져갔다. 오프라는 빨간 표지 위에 굵고 검은 글씨로 적힌 '하나만 다르게 행동하라'라는 제목을 봤고, 책을 들어 올리며 이렇게 말했다고 한다.

"바로 이거예요. 나는 이런 걸 사람들에게 전하고 싶어요. 이 책을 중심으로 한 회를 만들어 봅시다."

운명이란 이런 것이었다.

제목과 관련한 짧은 이야기가 하나 더 있다. 〈캐나다 AMCanada AM〉에 출연해 책 내용을 이야기할 때, 진행자는 제목이 문법에 맞지 않는다며 '하나만 달리 행동하라Do One Thing Differently'라고 써야 한다고 주장했다. 당시 나는 이를 해명하지 않았지만, 사실 이렇게 말하고 싶었다.

첫째, 이 제목은 웬만한 사람들보다 영어에 훨씬 정통한 출판사 편집장이 지었다.

둘째, 이것은 애플Apple이 내놓은 광고 캠페인 '다르게 생각하라Think Different처럼 문구 자체가 콘셉트를 보여주는 장치였다.

셋째, 내가 제목에 담고 싶었던 뜻은 두 가지였다. 하나는 '새로운 일을 하나 해보라'라는 것이고, 다른 하나는 '지금 하고 있는 일을 다르게 해보라'라는 것이다. 나는 이 제목이 두 가지를 모두 포괄한다고 생각했다.

책이 출간된 뒤 나는 한 달 동안 라디오 인터뷰를 40번 넘게 하며 책을 알렸다. 그런데 그렇게 많은 인터뷰를 하고 나니 처음으로 돌아가 이 책을 다시 쓸 수 있으면 좋겠다는 생각이 들었다. 인터뷰를 하는 동안 이 책의 개념이 훨씬 선명해졌기 때문이다.

40번이 넘는 인터뷰(그리고 지난 20년 동안 해온 더 많은 인터뷰)를 바탕으로 이 책의 요점을 말하자면 이렇다.

- 큰 변화를 이루기는 어렵다. 그러니 삶에서 문제를 발견하면 일단 할 수 있는 가장 작은 변화를 시도하라.
- 문제 상황 시 늘 하는 패턴을 깨라(행동, 상호 작용, 상황에 관해 말하는 방식 등).
- 혹은 관점의 패턴을 바꿔라(무엇에 주목하는지, 그 상황을 어떻게 해석하는지 등).
- 혹은 문제가 일어나는 맥락, 환경을 바꿔라(장소, 시간 등).
- 때로는 작은 변화가 곧바로 효과를 낼 수도 있다. 그러나 원하는 변화를 가져올 방법을 찾을 때까지 여러 작은 변화

를 시도해야 할 때도 있다.

　나는 지난 수년간 이 책의 제목만 보고도 도움이 됐다고 말하는 사람을 여럿 만났다. 하지만 당연하게도 중요한 내용은 세부적인 부분에 있다. 앞에서 내가 단순하게 요약했지만, 실제로 변화를 만들어 내는 일은 결코 쉽지 않다. 이 단순한 아이디어를 활용할 수 있는 다양한 방법이 이 책 안에 있다.

　이 책을 집어 든 여러분께 감사를 표한다. 그리고 이 책이 세상에 나오고 읽히도록 큰 역할을 해준 첫 번째 편집자 토니 시아라 포인터와 내 에이전트 로레타 배럿Lorretta Barrett, 이 20주년 기념판을 제안해 준 후임 닉 멀린도어Nick Mullendore, 이 책이 다시 독자들에게 다가갈 기회를 준 윌리엄모로 출판사의 닉 앰플릿Nick Amphlett과 그 동료들에게 감사드린다.

빌 오한론

뉴멕시코주New Mexico 산타페Santa Fe, 2018년 6월

차례

3부 — 해결 지향적 접근법 구체적으로 적용하기

: 마음만 먹으면 행위들은 얼마든지 바꿀 수 있다

1장

과도한 분석이 부른 무기력증

: 과거에서 벗어나 가능성 찾기

소크라테스Socrates는 성찰하지 않는 삶은 살 가치가 없다고 말
했다. 그러나 지나친 자기 성찰적 삶은 당신을 죽은 사람처럼
만든다. 둘 중 하나를 선택해야 한다면 나는 살아 숨 쉬는 걸 택
하겠다.

— 솔 벨로Saul Bellow

한 경찰관이 술 취한 남성과 마주쳤다. 남성은 가로등 빛 아래에
서 중얼거리며 무언가를 찾고 있었다. 경찰관이 뭘 하느냐고 묻자
그는 혀 꼬부라진 발음으로 집 열쇠를 찾고 있다고 대답했다. 경찰
관이 함께 열쇠를 찾았지만 한참이 지나도 열쇠를 발견하지 못했
다. 경찰관은 남성에게 왔던 길을 되짚어 찾아보자며, 열쇠를 마지
막으로 어디서 봤는지 물었다.

"열쇠를 마지막으로 본 곳을 말하는 거요? 그건 쉽지. 저기 길 건

너편에서 열쇠를 떨어뜨렸거든."

경찰관은 어이가 없어 소리를 질렀다.

"아니, 그렇다면 왜 이 반대편에 와서 열쇠를 찾고 있는 거요?"

"그야…… 이쪽이 가로등 때문에 환하지 않소."

우리는 문제에 부딪혔을 때 이를 풀 열쇠를 찾기 위해 종종 심리학이나 정신의학에 의존한다. 하지만 불행하게도 그런 것들이 항상 도움이 되지는 않는다. 오히려 이야기 속 술 취한 남성처럼 심리학이나 정신의학 때문에 엉뚱한 곳에서 헤맬 수도 있다. 이렇듯 문제를 해석하는 일은 우리가 왜 문제 상황에 놓이게 되었는지를 이해하게 해준다. 이는 때때로 도움이 되는 듯한 착각을 불러일으킨다. 그러나 이것은 문제를 해결하기 위한 구체적인 방법을 전혀 제시하지 않는다. 문제 해석 체계는 어린 시절이나 현재의 인간관계에서 받은 상처에만 집중한다. 그래서 자신을 희생자라고 여기는 '피해의식적 분위기'로 이끌 수 있다. 이러한 분위기에 빠지면 문제의 원인을 타인에게서 찾고, 결국 전문가·자기 계발서·그룹 코칭에 의존해 해결책을 구하게 된다.

이렇듯 문제 해석은 해결책을 찾지 않고 문제를 분석하기만 하는 사람들에게 주어지는 일종의 '노력상'일 뿐이다. 문제가 생겼을 때, 우리는 당연히 해결책을 원한다. 하지만 다양한 문제의 원인을 심리학적으로 해석하는 것이 유행이 된 지금, 이러한 해석은 단지 문제가 왜 발생했는지, 이 문제가 왜 해결될 수 없는지 등 이유들만 제시해 결국 해결책과 멀어지게 만든다. 예컨대 사람들은 대부분 심리학에 근거하여 이렇게 말할 것이다.

"지미Jimmy는 자존감이 낮아. 그래서 늘 그렇게 짜증을 부리지."

"나는 수줍음이 많아서 아무도 만나지 못할 거야."

"어린 시절 성적으로 학대당해서 내 성생활은 엉망이야."

"그 여성은 난독증이라서 읽지도 못하고, 잘 쓰지도 못해."

원인을 지나치게 분석하면 무력감이 시작되기도 한다.

정신의학도 심리학과 마찬가지로 해석에만 집중한다. 단 그 원인을 생물학이나 유전적인 부분에서 찾는다는 점이 다르다. 인간이 이러한 요소에 영향을 받는 것은 사실이다. 하지만 모든 것이 유전등으로 결정되지는 않는다. 인간이란 '단순한 생물학적인 결합'보다 훨씬 복잡한 존재다. 그래서 신체에 문제를 가진 사람도 생활할 때 항상 불편하지는 않으며, 때로는 불편한 부위도 제 기능을 한다. 또한 신경 질환이나 생물학적 장애로 보였던 문제가 자연스럽게 치유되는 사례도 있다.

문제를 해결하기 위해 심리학과 정신의학에 의존하면 다음과 같은 문제가 생긴다.

- 해결책이 아닌 문제의 해석만을 얻는다.
- 과거의 사건이나 성격 등 바꿀 수 없는 일에만 집중하게 된다.
- 자신을 유년기의 희생자, 생물학·유전자적 희생자, 가족·사회 등에 억압된 희생자로 여기게 된다.

- 치유 프로그램이나 책을 통해 자신도 알지 못했던 새로운 문제들을 발견하게 된다.

난독증을 앓는 어떤 사람은 작가로 성공한다. 수줍음을 타는 사람이 배우나 연설가가 되기도 한다. 또 성적 학대를 겪었지만 바람직한 성생활을 유지하는 사람도 있다. 이들의 공통점은 심리학이나 정신분석이 삶을 좌지우지하도록 내버려두지 않았다는 것이다. 이렇듯 성공하는 사람들은 삶에서 해결 지향적인 태도를 선택하고, 문제 상황을 개선하기 위해 자신들이 할 수 있는 일에 집중한다.

나는 매우 개인적인 사건을 통해 해결 지향적인 태도를 지니게 되었다. 1971년, 나는 자살하기로 결심했다. 이 이야기는 '사람들을 고무한다'라는 이 책의 목적에 맞지 않을지도 모른다. 하지만 그 순간이야말로 내가 이 책을 쓰게 된 출발점이었다. 당시 나는 매우 낙심해 있었고 외로웠다. 과거의 고통이 계속 이어지리라는 생각뿐, 미래에 관한 어떠한 가능성도 발견할 수 없었다. 시인을 자처하고 있던 터라 먹고살기 위해 일하고 싶지 않았다. 그리고 사회와 사람들의 위선에 환멸을 느꼈다. 늘 불안 속에서 살았고 세상, 사람들과의 관계에서 오는 고통으로부터 나를 보호해 줄 어떠한 방어막도 가지지 못했다고 느꼈다. 이러한 두려움 때문에 지인들 외에는 시를 내보이지 못했고, 당연히 시인으로서 생계를 유지하지도 못했다. 그렇게 고통스러운 긴 시간이 흐른 후 마침내 나는 자살하기로 마음먹었다.

한동안 히피 생활을 하며 나만큼이나 암울하고 별났던 친구 녀석들에게 작별 인사를 했다. 그들은 내 결정을 이해하며 받아들여 주었고, 다음 생에 또 다른 모습으로 만나기를 기원해 주었다. 그들은 이번 생이 나와 잘 맞지 않는다는 사실을 그저 안타까운 일 정도로만 생각하는 듯했다.

하지만 한 친구만은 내 결심을 듣고 몹시 화를 내었다. 그는 사람들과 어울리기 힘들고 생계를 꾸려가기도 어렵다는 내 설명을 듣더니 고모들이 자신에게 네브래스카주Nebraska의 농장을 물려주기로 했다고 말했다. 친구는 자살만 하지 않는다면 내 여생을 임대료 없이 자신의 농장에서 살게 해주겠노라고 약속했다. 꽤 그럴듯한 제안이었다. 나는 솔깃해져 고모들의 나이를 물어보았다. 나는 그들이 60대라는 사실을 듣고 나서 자살하지 않겠노라고 약속했다. 당시 나는 60대의 사람이 곧 죽으리라고 섣불리 단정 지을 만큼 어렸다. 네브래스카주에 산다는 친구의 고모들이 100세까지 거뜬히 살거라고는 전혀 생각하지 못했다.

어찌 됐든 그때부터 내게 미래가 생겼다. 하지만 그와 동시에 어떻게 살아야 하며, 어떻게 하면 덜 우울할지를 알아내야 했다.

나는 기분이 좋아지고, 인생에서 원하는 것들을 성취할 방법을 찾기 시작했다. 우선 심리 서적과 자기 계발서를 읽었다. 그런데 당혹스럽게도 그런 책들을 읽을수록 나는 점점 의기소침해지고 좌절하게 되었다. 내 상태가 얼마나 엉망인지를 새삼 느꼈기 때문이다. 나는 의학적으로 우울증이었고, 생물학적으로는 뇌 장애에 아주 근

접했다. 약물 치료가 필요해 보일 정도였다. 그뿐 아니라 어렸을 때 성적으로 학대당한 경험까지 있어서 책에 따른다면 최소 몇 년 동안 치료를 받아야 하고, 학대 경험과 관련된 억압되고 분열된 기억을 마주하기 위해 많은 돈과 노력을 쏟아야 할 터였다. 하지만 내가 진정 약물을 복용하길 원하는지, 몇 년이 걸릴지 모를 고통스러운 치료를 하고 싶은지 확신이 들지 않았다. 그나마 확실한 것은 둘 중 어느 하나도 할 형편이 되지 않는다는 사실이었다. 이런 상황이었으니 내가 한층 더 우울해진 것도 당연했다.

현재 나는 심리학, 결혼 및 가족 치료 분야에서 학위를 가지고 있다. 그러나 이런 학위를 가졌다고 해서 고통받고 있는 사람들이나 자신을 변화시킬 방안을 제시할 수 있는 것은 아니다. 이런 학위는 그저 어떻게 문제가 발생했는지, 무엇이 변화를 막아서고 있는지에 관한 흥미 위주의 설명만 가능하게 할 뿐이다. 결국 나는 다른 방향에서 연구를 시작했고, 변화를 일으키는 방법은 내가 그동안 배워왔던 것보다 더 간단하다는 사실을 깨닫게 되었다. 동시에 뻔한 방식으로는 이 방법을 찾을 수 없다는 사실 또한 알게 되었다. 그래서 나는 정신의학이나 심리학 같은 영역에서 이 방법을 찾지 않게 되었다. 그런 영역에서는 해결법을 쉽게 찾을 수 있을 듯해 보이지만 앞서 등장한 가로등 이야기처럼 쓸데없는 곳에 빛을 비출 뿐이다.

나는 문제를 해결할 열쇠를 찾기 위해 다른 영역으로 주의를 돌렸다. 그 과정에서 전통적이지 않은 해결 방법을 연구해 온 이들이 있다는 사실을 알게 되었다. 그래서 나는 기존 연구 중 더 쉽고 빠르게 사람들을 변화시킬 방법을 찾아 배울 수 있는 모든 것을 배웠다. 그러던 중, 이전에 겪었던 실패의 원인이 무엇인지 깨닫게 되었다. 나는 그동안 자신이 우울한 이유를 분석하려고만 했는데 이것이 문제를 더 악화시키고 있었다. 가로등 빛 아래에서 헤매던 술 취한 남성처럼 나는 우울이란 감옥에서 빠져나가게 해줄 열쇠를 찾기 위해 완전히 잘못된 장소에서 헤매고 있었다.

친구와의 약속 이후, 나는 학업에 매진하며 지냈고 기분은 차차 나아졌다. 친구의 고모들은 예상보다 훨씬 장수했지만 친구의 호의에 의문을 제기해 본 적은 결코 없다. 그리고 친구가 농장을 상속받았을 때 나는 성공한 사람이 되어 행복을 누리고 있었다.

지금 나는 근사한 결혼 생활을 영위하는 동시에 내가 사랑하는 일을 하면서 성공적으로 경력을 쌓고 있다. 수입도 상당하다. 세계를 돌아다니며 대중에게 해결 지향적 태도에 관해 강연도 한다. 지금 당신이 들고 있는 것은 나의 열일곱 번째 책이다. 마침내 누군가에게 글을 보여줄 수 있게 된 것이다. 자살 충동을 느낄 만큼의 우울증과 고통을 겪던 시절부터 행복과 성공의 길을 걷기까지, 이 여정에서 발견했던 모든 깨달음이 이 책 안에 집약되어 있다.

내가 해결 지향적 태도를 발전시키도록 나를 고무해 준 또 다른 인물이 있다. 이제는 고인이 된 나의 스승, 정신과의사 밀턴 에릭슨Milton Erickson이다. 미국 중서부의 한 농장에서 성장한 에릭슨은 심리학과 정신의학적 설명에 사로잡히기에는 너무나 실용적인 사람이었다. 내가 그에게 가르침을 받던 1970년대 후반, 에릭슨은 해결 지향적 접근법의 근본 개념을 보여주는 한 실례를 들려주었다.

에릭슨의 동료에게는 사랑하는 고모가 있었다. 고모는 미국 남동부의 밀워키Milwaukee 지역에 살고 있었고, 심각한 우울증 환자였다. 동료는 에릭슨에게 강연을 하러 밀워키에 가는 길에 자신의 고모를 만나서 우울증 치료를 도와줄 수 있을지 확인해 달라고 부탁했다. 동료의 고모는 상당한 재산을 상속받아 가족 소유의 대저택에서 살고 있었다. 하지만 단 한 번도 결혼하지 않고 고독하게 살고 있었는데 이제는 가까운 친지들마저 하나둘 세상을 떠나고 있었다. 게다가 60살이 넘은 나이에 질병에까지 걸려 휠체어를 타고 생활해야 했으며, 사회생활마저 심각하게 제한당했다. 고모는 자신이 자살을 염두에 두고 있다는 사실을 조카에게 은근히 내비치고 있었다.

에릭슨은 강연을 마친 후 택시를 잡아타고 동료의 고모가 살고 있다는 집으로 향했다. 고모는 조카에게서 이야기를 전해 듣고 에릭슨이 오기만을 기다렸다. 에릭슨이 오자 고모는 문 앞에서부터 그를 반기며 자신의 커다란 집을 구경시켜 주기 시작했다. 집은 휠체어를 사용하기 편리하게 리모델링되어 있었다. 하지만 그 외에는 바뀐 것이 없었다. 마치 1890년대 이래로 전혀 손대지 않은 듯한 모습이었다. 가구와 집 안 장식은 곰팡내를 풍기며 빛바랜 예전의 영광을 드러내고 있었다. 또한 모든 커튼이 쳐져 있어 답답한 느낌이 들었고, 이 때문에 집 안이 한층 우울하게 보이는 듯했다.

고모는 에릭슨을 집과 연결된 온실 묘목장으로 안내했다. 묘목장은 고모의 자랑이자 기쁨이었다. 원예에 재능이 있는 고모는 평소에도 식물을 돌보는 데 많은 시간을 할애해 왔다고 말했다. 그리고 최근 가장 공들이고 있는 식물을 자랑스럽게 보여주었다. 고모는 아프리카 제비꽃을 접목해 새로운 종을 만들고 있었다.

에릭슨은 대화를 나누면서 이 여성이 매우 고립되어 있다는 사실을 알게 되었다. 원래 지역 교회에서 꽤 활발하게 활동했던 고모는 거동이 불편해져 휠체어를 타게 된 이후로 일요일 예배에만 겨우 참석하고 있었다. 교회 건물은 휠체어가 다니기에 마땅치 않았다. 그래서 고모는 자신을 차에 태워 교회에 데려다주고, 자신을 안아서 예배당에 옮겨줄 도우미를 고용해야 했다. 고모는 다른 교인들이 불편하지 않도록 예배가 시작되고 나서야 예배당에 들어갔으며, 집으로 돌아가는 교인들과 부딪히지 않도록 예배가 끝나기 전에 교회를 떠나곤 했다.

이야기를 다 들은 에릭슨은 고모에게 "제 동료는 고모님을 상당히 걱정하고 있어요"라고 말해주었다. 그러자 고모는 우울증이 점점 심해지고 있다고 고백했다.

"고모님이 교인으로서 독실하게 생활하지 않는 것이 우울증의 원인입니다."

고모는 그 말에 깜짝 놀라며 화부터 내었다.

"고모님은 돈도 시간도 아주 많습니다. 게다가 식물을 가꾸는 재능까지 있지요. 그런데 지금 이 모든 게 낭비되고 있습니다. 제가 우울증을 극복할 방법을 하나 알려드리죠. 우선 교회 명부를 하나 구하고 교회 게시판을 자주 확인하세요. 그러면 이번 달에 생일을 맞은 사람이나 병을 앓고 있는 사람, 그 외 졸업·약혼·결혼 소식을 알수 있을 겁니다. 교인들의 행복하고 슬픈 행사들을 모두 파악하게되는 거죠. 이것을 다 체크하고 나면 제비꽃을 한 아름 꺾어다가 예쁘게 다듬으세요. 그리고 그 꽃을 화병에 꽂은 후 도우미의 도움을받아 사람들에게 직접 선물하러 가는 겁니다. 그들에게 꽃을 주며축하의 말이나 위안을 건네보세요.”

에릭슨의 설명을 들은 고모는 자신이 교인으로서 의무를 다하지못했다는 점을 인정하며 그 제안을 따르겠다고 약속했다.

20년이 지나 내가 에릭슨의 사무실에 앉아 이 이야기를 듣던 날,그는 스크랩북을 꺼내 밀워키 지역 신문에 실린 기사를 보여주었다. 기사에는 ‘밀워키 제비꽃 여왕의 죽음, 수천 명이 애도하다’라는커다란 제목이 붙어 있었다. 그 기사에는 10년 동안 수많은 사람에게 자선 활동을 펼친 사려 깊은 여성의 일생이 자세히 실려 있었다.

이제 효과적인 문제 해결법을 찾는 열 가지 열쇠를 선사할 것이다. 다시 말해 문제를 풀어나가는 데 해결 지향적 접근법을 취하도록 도움을 주는 열쇠들이다. 이를 사용하면 상담 현장에서 사용하는 심리 요법들을 단순하고 실용적인 방법으로 바꿀 수 있다. 당신도 일상에서 문제를 해결하거나, 삶을 더 행복하고 좋게 만들기 위해 이렇게 단순화된 방법을 사용할 수 있다. 이때 열쇠는 하나일 수도 있고 여러 개일 수도 있는데 잠재적으로 봤을 때 어떤 열쇠를 취하든 효과는 있다. 다만 해결 시향적 집근법에서는 사람에 따라 해결책이 다르다고 믿는다. 따라서 어떤 해결책이 당신에게 적합한지를 알려면 그것들을 모두 시도해 보아야 한다.

내가 심리 치료 상담을 할 때 처음으로 해결 지향적 접근법을 사용했던 날을 아직도 기억하고 있다. 내가 이 일을 시작한 지 얼마 되지 않았을 때 동료 치료사가 맡고 있던 환자가 응급으로 정신 보건 센터를 방문했다. 그 환자의 이름은 자닌Janine이었고, 담당 치료사 루이스Louise는 휴가 중이었다. 마침 나는 여유가 있어서 루이스가 휴가에서 돌아오기 전까지 자닌과 몇 차례 상담을 하기로 했다. 루이스가 원래 계획했던 치료를 망치고 싶지 않았기 때문에 나는 어떠한 치료법도 시도하지 않고 그저 현재 상황 정도만 물어볼 작정이었다.

자닌은 심각한 우울증 때문에 1년쯤 치료를 받았으며 루이스의 도움을 받아 어느 정도 회복했다고 말했다. 처음 루이스를 찾았을 때는 우울증이 너무 심해서 하루에 열여덟 시간 동안 잠만 잘 정도였다고 했다. 당시 자닌은 장학금을 받으며 대학에 다니고 있었는데 우울증을 앓게 되면서 수업에 결석하는 일이 잦아졌고, 결국 낙제하고 말았다. 그 결과 학교에서 받던 장학금이 끊겼다. 자닌은 낙담이라는 감정적 문제뿐 아니라 재정적 문제까지 떠안게 되었다.

그러던 어느 날 자닌은 지역 정신 보건 센터에 전화를 걸었다. 바로 나와 루이스가 일하는 곳이었다. 상담을 받기 위해 침대에서 일어나 집 밖으로 걸어 나오는 일은 우울증을 약간 낫게 해주었다. 하지만 정신 보건 센터에는 많은 환자가 대기하고 있었고 상담 일정도 꽉 차 있어서 루이스는 일주일에 한 번 이상 자닌을 만나줄 수가 없었다. 자닌은 상담을 받는 날에만 활력적으로 움직일 수 있었다. 그 외의 날에는 한량없이 침대에 앉아 상담일만을 기다렸다. 그러던 중 두 사람은 단지 침대에서 일어나 집 밖에 나오는 것만으로 우울증이 어느 정도 완화된다는 사실을 깨달았다. 하지만 자닌은 돈이 없었고 친구들과도 소원해졌기 때문에 갈 곳이 없었다. 루이스는 자닌에게 침대에서 일어나 매일 동네를 한 바퀴 걸어보라고 제안했다.

자닌은 자력으로 침대에서 일어나 옷을 입고, 동네를 한 바퀴 걷는 일은 거의 불가능하다고 생각했다. 하지만 자닌은 아무리 기운이 없어도 그 일을 해냈다. 산책을 마치고 집으로 돌아올 즈음이면 더 활력적으로 변한 자신을 느낄 수 있었다. 어느덧 동네 한 바퀴는 두 바퀴, 세 바퀴로 점차 늘어나서 매일 아침 규칙적으로 다섯 바퀴까지 걸을 수 있게 되었다.

기분이 나아지자 자닌은 대학 친구들과 다시 연락하여 어울리기 시작했다. 산책에서 돌아오는 길에 신문을 사서 읽었고, 아르바이트 자리를 찾을 때까지 계속해서 지원서를 넣었다. 다음 학기에는 단과 수업에도 출석했다. 얼마 지나지 않아 자닌은 루이스와 상담할 문제가 거의 없어져 버렸다. 그렇게 해서 그들의 치료는 끝났다.

그렇다면 최근 자닌은 왜 다시 우울해졌을까? 내가 자닌에게 묻자 자닌은 한 남성 때문이라고 대답했다. 최근 자닌은 한 남성을 수업에서 만났고, 연인으로 발전하게 되었다고 했다. 남성은 자닌의 집으로 들어와 함께 살았다. 처음에는 모든 것이 좋았다. 하지만 시

간이 흐르자 남성은 다소 비난적이고 강압적으로 변했다. 그가 자
닌의 친구들을 좋아하지 않았기에 자닌은 친구들과의 만남까지 포
기해야 했다. 그 후에도 남성은 몸무게가 늘었다며 자닌을 비난했
고, 심지어 음식을 씹는 법까지 참견하며 싫은 티를 냈다. 그들은 사
소한 문제로 늘 언쟁을 벌였다. 어느 날 둘은 아주 크게 다퉜고, 남
성은 집에서 나가겠다며 윽박질렀다. 자닌 역시 어떻게 하든 상관
없다며 맞대응했다.

남성이 집을 나가고 몇 주 동안은 자닌도 괜찮았다. 누군가에게
비난당하고 통제받지 않게 되자 마음이 무척 평화로웠다. 그러나
자닌은 이내 예전처럼 우울증에 빠져버렸다. 다시 잠만 자면서 침
대에서 오랜 시간을 보냈고, 일하러 나가는 대신 전화를 걸어 병가
를 냈으며, 수업에도 빠졌다. 그런데 자닌이 이런 상황을 설명하다
가 불현듯 말을 멈추었다.

"잠깐만요! 지금 제게 필요한 게 뭔지 알겠어요. 저는 침대에서
일어나서 동네를 한 바퀴 걷고, 오랜 친구들에게 전화해야 해요. 그
리고 수업에 꼬박꼬박 출석하고 일하러 가야 하죠. 이 간단한 진리
를 잊어버리고 있었네요."

자닌은 웃기 시작했다. 처음 내 상담실에 들어올 때 지었던 근심
어린 표정과는 전혀 상반되는 얼굴이었다.

"저는 우울증에 빠지지 않기 위해 무엇을 해야 하는지 정확히 알
고 있어요!"

나는 확실히 그래 보인다고 대답해 주었다.

자닌이 돌아가고 나서 나는 기쁨과 당혹스러움을 느꼈다. 조금도 치료를 시도하지 않았는데 문제가 해결되었기 때문이다. 루이스가 돌아올 예정이었기 때문에 자닌의 문제를 해결해 주려 하지 않았던 것이 오히려 열쇠였다. 문제를 해결할 수 있는 사람은 내가 아니라 자닌 자신이었다!

이렇게 나는 우연히 해결 지향적 접근법을 발견하게 되었다. 자닌은 거의 잊고 있었던 자신만의 해결책을 꺼내 사용했다. 나는 자닌이 무엇을 잘하는지, 과거에는 어떻게 문제를 해결했는지 떠올리게 도왔을 뿐이었다. 문제 지향적이고 설명에 중심을 둔 이론들은 그 사람이 무엇을 잘못했는지, 과거에 어떤 잘못된 일이 있었는지에 주목하지만 해결 지향적 접근법은 과거의 성과를 되새기게 해서 도움이 되었던 방법을 찾아내고, 이를 다시 사용하게 한다. 그리고 변하기 위해 당장 할 수 있는 일을 하라고 강조한다.

물론 모든 우울증이 이처럼 쉽고 빠르게 해결되지는 않는다. 하지만 이는 눈여겨봐야 할 사안이다. 심리학과 정신의학 이론은 심한 우울증에서 이처럼 빨리 변하는 것은 불가능하다고 단언하지만 이는 명백하게 틀린 주장이다. 평생 우울증을 반복적으로 앓아온 사람도 이 치료법을 얼마든지 사용할 수 있다. 반복되는 우울 주기를 줄이거나 끝내기 위해 쓸 수 있는 수단이 있다면 우울증을 완화하는 데 큰 도움이 될 것이다.

다만 오해하지는 마시라. 누구든 단 20분 만에 중증 우울증에서 회복될 수 있다는 이야기가 아니다. 심각한 우울증을 앓는 중에는 침대에서 빠져나오려 애쓰는 일조차 불가능에 가깝다. 대부분은 이 사실을 알 것이다. 아무튼 자닌은 심각한 우울증을 겪는 와중에도 침대에서 일어나 동네를 산책할 수 있었다. 이것이 해결 지향적 접근법의 본질이다. 즉 사람들이 무엇을 할 수 있는지, 예전에 어떤 해결책을 사용했는지를 찾아서 그 방법들을 의도적으로 시도하게 이끌어 주는 것이다. 이것은 문제의 심각성을 경감시키고 문제를 해결하는 데 도움을 준다. 우울증이 기승을 부릴 때 어떤 사람에게는 감동적인 책을 읽는 것이 도움이 된다. 또 신체 질환으로 몸져누워 있을 때 누군가는 코미디 영화를 감상함으로써 도움을 받을 수 있다. 걷기가 우울증 완화에 도움이 된다는 연구는 많지만 그날 자닌에게는 어떤 조언이나 처방도 없었다. 침대 밖으로 나가자는 것은 자닌이 스스로 찾아낸 해결책이었다.

젊은 시절 나는 문제를 해결하는 데 도움을 주는 전통 치료법을 배웠다. 과거에 정신적으로 충격을 받은 일을 찾아내 정신적 외상을 이겨내도록 돕거나, 비정상적으로 사고하는 부분을 찾아 바로잡게 하는 치료법이었다. 혹은 생물학적인 결함을 찾아서 약물 치료를 받게 하거나, 어쩔 수 없는 상황을 받아들이도록 설득하기도 했다.

그러나 해결 지향적 접근법은 다르다. 이것은 사람들이 다양한 문제를 가지고 있다는 점을 참작한다. 이러한 문제들은 생물학에 관련되어 있거나, 성격상의 문제이거나, 사고 장애가 원인일 수도 있으며, 과거에 받은 정신적 충격 때문일 수도 있다. 해결 지향적 접근법은 문제의 원인보다 그 사람이 지금 하고 있는 행동 중에서 변화에 도움이 될 만한 요소를 찾는 데 집중한다. 그리고 앞서 분석한 원인을 바탕으로 문제를 없애는 데 도움이 될 만한 방법을 찾는다. 이 치료법은 문제가 어떻게 발생했으며, 문제의 본질이 무엇인지를 분석하는 태도에서 벗어나게 한다. 대신 해결책을 찾고, 문제를 해결하는 행동을 하도록 이끌어 준다.

해결 지향적 접근법이 아주 효과적인 이유는 당신만의 고유한 해결책을 끌어내기 때문이다. 즉 누구나 자신만의 상담사가 될 수 있다. 그리고 당신이 찾은 치료법은 당신에게만 맞춰 제작된 것이라 외부의 전문가가 만든 그 어떤 치료법보다 당신에게 잘 맞는다. 열쇠는 당신 안에 있다. 이제 당신은 불빛을 어디로 비춰야 하는지만 알아내면 된다.

1부

문제 대응 방식 바꾸기

: 어리석은 사람은
똑같은 행동을 되풀이하면서
다른 결과를 기대한다

행복하지 않거나 원하는 결과가 나오지 않았을 때
이전과 다르게 행동하는 법을 알려주겠다.
다음은 변화를 위해 실제로 해볼 수 있는
구체적인 방안들이다.

1. 당신이 사로잡혀 있거나 주변 사람들을 휘말려 들게 하는
   패턴에 주목하라. 그중에 당신이 바꿀 수 있는 것이 있다
   면 무엇이든 바꿔라.

2. 일이 잘 풀릴 때 했던 행동을 알아내 그것을 더 많이 반복
   하라.

2장

엉망인 채로
제자리걸음 중이라면

: 패턴 깨기

죽은 말에 올라타 있다는 사실을 깨달았을 때 가장 좋은 전략은
그 말에서 내려오는 것이다.

— 다코타Dakota 부족의 속담

이제 우리는 인생을 바라보는 시각을 완전히 바꿔 문제를 해결할
것이다. 먼저 마음의 준비를 하라. 사실 이 접근법은 굉장히 간단해
보인다. 그래서 '내 문제는 이보다 훨씬 복잡하고 뿌리 깊은데'라고
생각할 수도 있다. 하지만 한 번만 이 방식대로 행동해 보라. 그러면
해결 지향적 접근법이 가진 힘을 발견하게 될 것이다. 이 접근법은
최근 몇 년간 심리 요법 분야에 급속히 퍼졌다. 이전의 치료법을 사
용했던 이들은 눈에 보일 만한 변화를 끌어내려면 적어도 몇 년간
치료를 받아야 한다고 생각해 왔다. 오래 지속된 심각한 문제의 경
우에는 더더욱 그랬다. 반면 해결 지향적 접근법은 이러한 사람들

도 매우 빠르게 변할 수 있다고 말한다. 나와 내 동료들은 수천 명의 치료사에게 해결 지향적 접근법으로 문제에 다가가라고 가르쳐 왔다. 이 방식으로 효과를 본 치료사들은 웬만해서는 예전 방식으로 돌아가지 않는다.

해결 지향적 접근법은 현재와 미래에 초점을 맞춘다. 이 방법은 사람들이 관점을 바꾸고 행동하도록 장려한다. 물론 과거는 오늘날의 우리를 만들었다는 점에서 무척 중요하지만 그렇다고 미래까지 결정하도록 내버려두어서는 안 된다. 이 접근법은 과거를 있는 그대로 받아들이게 하되 우리를 계속 변하게 이끈다.

얼마 전 한 편지를 읽었다. 세계적인 치료 전문가이자 미국 상담 칼럼니스트인 앤 랜더스Ann landers에게 보낸 사연으로, 해결 지향적 접근법을 설명하는 데 훌륭한 시작이 될 것 같아 소개한다. 사연 속 여성은 남편이 코를 골더라도 불평하지 말라고 독자들에게 당부했다. 여성의 남편은 몇 해 동안 심하게 코를 골았다. 집이 떠나갈 정도로 소리가 컸다. 여성이 아무리 지적해도 남편은 자기가 코를 곤다는 사실을 인정하지 않았다. 결국 여성은 녹음기를 설치하기에 이른다. 그리고 코 고는 소리를 녹음해서 들려주겠다며 남편에게 마음 놓고 자보라고 말했다. 놀랍게도 녹음을 한 날 밤, 남편은 살짝 콧소리를 냈을 뿐 심하게 코를 골지 않았다. 그날 이후 남편은 다시는 코를 골지 않았다. 편지 마지막에 여성은 남편이 1년 전 세상을 떠났으며 그가 몹시 그립다고 적었다. 이 절절한 사연은 남편의 코 고는 소리를 다시 듣고 싶다는 한탄으로 마무리되었다. 녹음기가 어떻게 남편의 코골이를 치료할 수 있었을까? 정확한 메커니즘은 알 수 없지만 무언가를 바꾸면 변화가 일어나게 마련이다. 다음의 이야기를 보자.

> 중국에서 있었던 일이다. 한 남성이 수년 동안 감옥에 수감되었고, 교화 프로그램의 일환으로 감옥 안에 있는 상점에서 일하고 있었다. 그는 상점 화장실에서 면도를 하던 중 바닥에 떨어진 반짝이는 철사 조각을 발견한다. 남성은 자신의 방을 조금이라도 밝힐 요량으로 철사 조각들을 병 안에 모으기 시작했다. 몇 년이 흘러 남성은 마침내 출소하게 되었다. 남성은 늙었고, 일할 능력이 없어졌다. 그는 철사가 가득 든 병과 함께 세상에 나왔다. 하지만 남성은 자유의 몸이 된 후에도 수감되었을 때와 같은 시간에 깨고 잠이 들었다. 그리고 깨어 있을 때도 수감되었을 때와 마찬가지로 방 안을 의미 없이 서성이기만 했다. 그렇게 시간을 흘려보내던 어느 날, 남성은 절망해서 병을 깨버렸다. 병의 잔해 속에서 그는 녹슬어 굳어버린, 병 모양을 그대로 유지한 철사 덩어리를 봤다.

—배트 바오 로드Batte Bao Lord,

《유산들: 중국의 모자이크Legacies: A Chinese mosaic》, 1990년, 3쪽

우리는 문제가 생겼을 때 대부분 위의 사람처럼 행동한다. 즉 인생을 하나의 병 안에 가두어 버린다. 우리는 같은 행동을 반복하면

서 왜 같은 결과가 나오는지 고민한다. 이는 영어를 할 줄 모르는 현지인에게 영어로 길을 묻는 미국인 여행자의 모습과 비슷하다. 현지인이 질문을 이해하지 못하면 미국인 여행자는 천천히, 크게 되풀이해 말한다.

"에, 펠, 탑, 에, 어떻게, 가야, 하는지, 알려줄, 수, 있나요!"

이러한 방식이 효과가 없어도 그저 더 열심히, 심지어 요란스럽게 다시 시도한다. 물론 막무가내로 떼쓰는 아이에게 질린 부모가 아이의 뜻대로 해주는 것처럼, 이런 고집스러운 방식이 효과를 발휘할 때도 있다. 그러나 이러한 방법으로는 대체로 원하는 것을 얻을 수 없을뿐더러 오히려 성취로 가는 길이 가로막힌다.

문제를 해결하려면 이것이 왜 발생했는지를 분석하지 말고 당신이 하고 있는 행동을 바꾸어야 한다. 그렇게 하려면 자신이 반복하고 있는 행동을 찾아야 한다. 다시 말해 문제 패턴을 파악해서 그 패턴과 다르게 행동하라는 것이다. 이러한 방법을 '패턴 깨기'라고 한다. 이는 문제가 상대에게 있을 때도 효과적이다. 당신이 대인관계 패턴에서 자신의 역할을 바꾼다면 상대도 이에 반응해 변하기 때문이다.

나는 이 변화를 '문제 대응 방식 바꾸기'라고 부르겠다. 이에 관해서는 1부에서 살펴보겠다. 2부에서는 사물을 바라보는 시각을 바꾸는 방법, 즉 '문제 조망법 바꾸기'를 알아보겠다.

해결 열쇠 1 : 문제 패턴을 깨라

한 부부가 자기들의 힘만으로는 언쟁을 멈출 수가 없다며 상담사를 찾아왔다. 그들은 화가 나면 서로에게 상처가 될 말을 쏟아내며 상황을 최악으로 몰아가곤 했다. 이렇게 함부로 내뱉은 말은 나중에 후회한다 해도 주워 담을 수 없다. 상담사는 부부가 어떻게 이런 패턴을 갖게 되었는지를 분석했고, 그들의 부모로부터 이를 물려받았다는 결론을 내렸다. 그러나 부부는 문제의 근원이 무엇인지를 알게 된 후에도 싸움을 멈추지 않았다.

별다른 변화 없이 상담만 계속하던 중, 상담사가 내 강연에 참석하게 되었다. 이후에 상담사는 그 부부에게 어떤 변화가 일어났는지를 들려주었다. 우선 상담사는 부부에게 새로운 해결 방법을 배워 왔다고 말했고, 관계를 회복하려는 의지가 있다면 이 방법을 시도해 보자고 제안했다. 한 번도 시도해 본 적 없는 방법이라 효과를 장담할 수는 없지만, 현재 시도할 수 있는 유일한 방법이라고 말이다. 부부는 결혼 생활이 벼랑 끝에 와 있었으므로 무엇이든 해볼 의향이 있었다.

상담사는 통제할 수 없을 정도로 언쟁이 커질 기미가 보이면 잠시 숨을 고른 후에 욕실로 가라고 했다. 이때 남편은 벌거벗은 채 욕조에 눕고, 부인은 옷을 입은 채 욕조 옆 양변기에 앉는다. 그러고 나서 끊겼던 언쟁을 이어나간다.

당연한 말이지만 이런 상황에서는 언쟁을 벌이기가 어렵다. 남편은 자신의 벌거벗은 모양새가 우스꽝스러워 평소대로 행동할 수 없었으며, 부인도 이 방법이 아주 재밌어서 보통 때처럼 분노가 치밀어 오르지 않았다. 부부는 처음 몇 주 동안 언쟁할 때마다 의무적으로 이렇게 행동했다. 그렇게 몇 번 욕실에서 다툰 후, 그들은 언쟁을 조정하는 법을 배우게 되었다. 그 후로 언쟁이 최악으로 치닫는 일은 없었다. 언쟁이 과열될 조짐이 보이면 한 사람이 욕실을 쳐다본다. 그러면 상대는 이렇게 말한다.

"알겠어, 알겠다고. 조금 진정하고 우리가 이 문제를 해결할 수 있을지 이야기해 보자."

지금 당신이 문제에 갇혀 쩔쩔매고 있다면 새로운 행동을 시도하라. 딱 한 가지만 다르게 행동해 보는 것이다. 똑같은 행동을 되풀이하면서 다른 결과를 기대하는 건 어리석다. 문제 패턴을 깨뜨려 해결책을 찾자.

내 친구 크리스Chris는 패턴 깨기를 성공적으로 적용했다. 크리스에게는 어린 두 자녀가 있어서 마음껏 잠을 잘 수가 없었다. 게다가 크리스는 아침형 인간도 아니어서 아침에 일어나기가 무척 힘들었다. 그래서 매일 아침 짜증을 부리며 두 자녀를 깨웠다.

그러던 어느 날, 크리스는 늑장을 부리는 아이에게 분통을 터뜨리고 말았다. 남편은 기분 나쁜 일이라도 있느냐는 의미에서 이렇게 말했다.

"도대체 왜 그래? 오늘 아침에 잘못 일어나기라도 한 거야?"

크리스는 대답 대신 남편에게 짜증을 부렸다. 하지만 아이들을 학교에 보낸 후, 남편이 한 질문을 진지하게 받아들이고 있는 자신을 발견했다. 어쩌면 남편의 말대로 수면 습관이 잘못되어서 그랬을 수도 있겠다는 생각이 든 것이다. 크리스는 자신의 나쁜 습관을 고쳐봐야겠다고 다짐했다.

다음 날 아침, 크리스는 남편이 샤워를 하러 간 사이 남편의 자리에 누웠다가 일어났다. 기쁘게도 그날 아침에는 평소와 달리 전혀 짜증이 나지 않았다. 이러한 변화는 꽤 오래 효과가 있어서 한동안 만족스러운 생활을 누릴 수 있었다. 그리고 어느 날 아침부터 다시 짜증이 치밀기 시작하자 이번에는 침대 아래쪽으로 기어서 내려와 봤다.

이렇듯 변화를 시도하는 일은 믿을 수 없을 만큼 쉽다. 다만 당신에게 효과가 있는지 없는지를 알기 위해서는 각 방법을 직접 시도해 보는 수밖에 없다.

전통적인 문제 해석법은 '감정이 행동을 불러온다'라고 말한다. 그러나 해결 지향적 접근법은 '새로운 행동이 새로운 감정을 만든다'라고 한다.

나는 이 접근법을 1970년대에 처음 깨달았다. 그때 나는 애리조나주Arizona에서 살았는데 꽃가루 알레르기를 앓던 중 호주인인 알렉산더Alexander에 관한 책을 읽게 되었다. 그 책에는 알렉산더가 약을 쓰지 않고 신체 문제를 치료하는 방법을 개발했으며, 그 방법에 자신의 이름을 붙였다고 적혀 있었다. 알렉산더는 본래 연설가였는데 어느 날 목이 쉬어버린 뒤 좀처럼 회복되지 않았다고 했다. 많은 의사와 상담했지만 누구도 알렉산더를 치료할 수 없었고, 알렉산더는 결국 자신의 직업을 포기해야 했다.

알렉산더는 혼자 병을 치료하기로 다짐했다. 알렉산더는 자신의 몸을 세심하게 관찰하기 시작했다. 그러던 어느 날, 연설하는 자신의 모습을 거울로 자세히 들여다보던 중 한 가지 사실을 발견한다. 연설을 시작하자 자신이 목 부분을 특정한 방식으로 긴장시키고 있었다. 자세도 이상했다. 그 후 연설을 할 때 일부러 목 근육의 긴장을 풀고 자세를 바꾸니 목소리가 즉시 원래대로 돌아왔다.

나는 그때 처음으로 패턴이라는 것을 생각하게 되었다. 나는 당시 꽃가루 알레르기를 앓고 있었기 때문에 이 방법을 활용해 보기로 했다. 한번 시도해 봐도 손해 볼 것이 없을 것 같았다. 나는 내 패턴을 관찰하기 시작했다. 그리고 내가 할 수 있는 것이 있다면 바꿔보기로 했다.

우선 알레르기가 일어날 때 내가 어떻게 반응하는지부터 관찰했다. 보통 콧속이 간질간질한 느낌으로 시작하는데, 그럴 때면 재채기가 나올 것 같아서 저절로 얼굴 근육이 긴장했다. 다음으로는 스무 번 가까이 연속해서 재채기를 하고, 콧물이 흐르며, 눈과 입가가 가려워졌다. 게다가 한번 재채기가 시작되면 아무 생각도 할 수 없었다. 그래서 재채기가 시작되기 전에 일련의 패턴을 깨보기로 다짐했다.

먼저 얼굴 근육을 편안하게 이완시켰다. 그러자 재채기가 나오지 않았다. 처음에는 이렇게 하기가 매우 어려웠다. 간지러움을 참기 어려웠고, 재채기를 하고 싶어서 미칠 지경이었다. 그럼에도 굳이 참은 이유는 재채기를 하지 않으면 콧물이 흐르지 않고, 결국 패턴을 깰 것이기 때문이었다. 또 눈과 입가도 가렵지 않았다. 그렇게 몇 분을 견디고 나면 재채기를 하고 싶은 충동이 점점 약해지다가 완전히 사라지곤 했다.

처음 몇 주 동안은 일부러 의식하며 패턴을 깨야 했다. 하지만 그후 알레르기는 사라졌다. 그때부터 나는 패턴 깨기의 힘을 굳게 믿고 있다.

패턴을 깨고 싶다면 당신은 인류학자가 되어야 한다. 자신이라는 인간이 가진 문제를 연구하는 인류학자 말이다. 자신이 가진 문제를 명확히 관찰하고, 철저히 연구하라. 해석과 이론은 잠시 잊고 있는 그대로 상황을 기술하라. 또한 상황이 '왜' 그러한가를 따지지 말고 '무엇'과 '어떻게'에 더 집중하라.

문제 패턴 깨기 방법 1: 문제 대응 방식을 바꿔라

배우에게 당신의 문제를 연기하도록 가르치고 있다고 상상해 보자. 이는 문제 패턴을 깨는 하나의 방법이다. 메릴 스트리프Meryl Streep나 로버트 드니로Robert De Niro가 영화에서 당신의 모습을 연기하게 되었다면, 당신은 배우들을 어떻게 지도하겠는가? 배우들은 어떤 옷을 입어야 할까? 하루 중 어떤 때 문제가 발생하는가? 혹은 문제가 일어날 만한 시간은 언제인가? 문제를 일어나게 하려면 배우는 무엇을 말하고 행동해야 하는가? 문제는 어떤 식으로 지속되는가?

감정 문제에도 이 방법을 적용해 볼 수 있다. 우울증을 겪을 때 당신은 어떻게 행동할 것 같은가? 나는 대학 시절 약식으로 우울증을 전공해서 이러한 상황을 잘 알고 있다. 만약 내가 우울증을 앓고 있다고 가정하면 패턴은 다음과 같을 것이다. 아마 처음에는 되도록 오래, 침대에만 누워 있을 것이다. 어쩌다가 침대에서 일어난다면 집 안 어느 한곳에 앉아서 움직이지 않을 것이다. 산책은 물론이고 달리기를 비롯한 어떤 운동도 하지 않는다. 호흡이 거칠어지거나 몸을 활발하게 움직여야 하는 활동들은 내 우울증을 더 악화시킬 뿐이다. 다른 사람들을 만나 시간을 보내는 일도 가급적 피한다. 즉 과거의 흔적이나 잘못들을 곱씹으며 대부분의 시간을 혼자 보낸다. 어쩔 수 없이 사회적 교류를 해야 한다면 두어 명만 제한적으로 만난다. 그들과 이야기를 나눈다 해도 결국에는 내가 얼마나 우울한지만 말할 것이다. 끝으로 남들과 자신을 비교하면서 더 초라해진 기분을 느낀다. 이를테면 어떤 사람이 나보다 건강하다거나, 더 행복한 삶을 살고 있다는 식이다. 자, 어떤가. 우울증을 겪는 사람의 생활상을 그럴듯하게 묘사하지 않았는가?

이런 우울증을 확실하게 낫게 할 한 가지 방법은 패턴을 깨는 것이다. 우울증을 겪으면서 당신이 해왔던 행동들 중 하나를 중단해 줄 무언가를 시작해야 한다.

불안증에도 이를 적용할 수 있다. 불안할 때 당신은 어떻게 행동하는가? 질투를 느낄 때는 어떤 행동을 하는가? 배우자와 늘 벌이는 사소한 논쟁에서는 어떻게 행동하는가? 결혼 생활에서 싸움을 일으키는 행동은 무엇이며, 상황을 더 악화시키는 행동은 무엇인가? 이런 식의 질문들을 해볼 수 있다.

여기 문제 패턴을 발견하기 위한 여섯 가지 질문이 있다.

1. 일반적으로 얼마나 자주 문제가 발생하는가? 한 시간에 한 번인가, 하루에 한 번인가? 또는 일주일에 한 번인가?

2. 보통 문제는 하루 중 언제 일어나는가? 일주일이나 한 달, 1년 단위로 일어난다면 언제인가? 문제가 주말에만 일어나는가? 아니면 밤에만 일어나는가? 그것도 아니면 당신이 일을 끝내고 집에 돌아온 직후에 일어나는가?

3. 문제는 보통 얼마나 오래 지속되는가?

4. 문제는 주로 어디에서 발생하는가? 거실? 주방? 화장실? 직장? 혹은 당신이 차 안에 있을 때 발생하는가?

5. 문제가 발생하면 당신은 무엇을 하는가? 탁자를 내려치는가? 방을 떠나는가? 친구에게 전화를 걸어 하소연하는가? 아니면 다른 이들에게 문제를 털어놓기를 피하는가? 또는 음식을 마구 먹거나 커피를 들이켜는가?

6. 문제가 일어났을 때 곁에 있는 사람들은 주로 어떤 행동을 하고 무슨 말을 하는가? 당신에게 조언하는가? 아니면 당신이나 상대를 꾸짖는가? 그것도 아니면 특정 어구나 목소

리 톤을 사용하는가?

당신이 가진 문제에서 패턴을 확인했다면 이제는 자신에게 이렇게 질문해 보라.

'내가 만들 수 있는 확실한 변화는 무엇이며, 기꺼이 할 수 있는 일은 무엇인가?'

그리고 행동을 바꾸는 과정이 따라야 한다. 다음 요소들 중 하나 이상을 바꾸어 보자.

- **문제가 일어나는 시간**

  매일 저녁, 남편이 일을 마치고 집에 돌아오자마자 언쟁을 벌이던 부부가 있었다. 부부는 남편이 옷을 갈아입고 가벼운 샤워를 마칠 때까지 어떤 언쟁도 벌이지 않기로 했다. 그들은 이 같은 변화 덕에 언쟁을 피하게 되었다.

- **문제가 일어나기 직전에 하는 행동**

  대학 시절, 나는 극심한 불면증을 앓았다. 심리학과 학생이었던 나는 불면증의 심리학적 근원을 고민하며 밤새 뒤척였다. 그러던 어느 날 밤, 불을 끄기 전에 책을 한 권 읽게 되었다. 책에는 콜라 한 컵당 카페인이 얼마나 들어 있는지가 나와 있었다. 당시 나는 잠들기 진에 콜라를 약 500밀리리터씩 마셨는데 이것이 원인이 되어 잠이 오지 않았던 것이다. 나는 그날 밤부터 콜라를 마시지 않았고 쉽게 잠들 수 있었다. 그 뒤로 다시는 불면증을 겪지 않았다.

- **문제가 일어난 직후에 하는 행동**

  내 환자 중 머리카락을 습관적으로 뽑는 여성이 있었다. 여성은 이미 부분 탈모가 진행 중이었지만 그 행동을 멈출 수 없었다. 여성은 뽑은 머리카락을 버리기 전에 모근을 잘근잘근 씹는다고 말했다. 나는 머리카락을 뽑은 즉시 버리라고 조언했고 여성은 비로소 머리카락을 뽑는 습관을 멈추었다. 모근을 씹지 않고 머리카락만 뽑는 일은 의미가 없었기 때문이다.

- **문제가 일어나는 동안이나 그 후에 사람들이 하는 행동**

  변화를 위해 주변 사람들에게 도움을 요청할 수 있다면 그렇게 하라.

- **문제가 일어날 때 입고 있는 옷**

  한 여성이 과음하고 토하는 행동을 멈추게 도와달라며 상담을 요청했다. 나는 여성에게 과음을 하기 전 기분, 장소에 상관없이 가장 좋아하는 신발을 신으라고 조언했다. 여성은 조언을 따르기로 약속했고 과음하는 습관을 고칠 수 있었다. 좋아하는 신발을 신은 동안에는 충동적으로 술을 마시는 대신 자신이 무엇을 하고 있는지를 생각할 수 있었기 때문이다.

- **문제를 경험하는 순간에 서 있는 장소**

- **문제 행동을 하거나 문제가 발생하는 동안 하는 몸짓 혹은 움직이는 않는 신체 부위**

- **이 외 문제 상황에서 드러나는 전형적인 행동이나 양상**
  나는 과식하고 토하기를 반복하던 한 여성에게 이렇게 제안했다. 샐러드를 마음껏 먹고, 과식할 때만 먹던 초콜릿 몇 조각을 하루에 걸쳐 천천히 먹어보라고 말이다.

나는 해결 지향적 접근법 강연을 위해 아르헨티나로 출장을 간 적이 있다. 청중은 강연을 들은 후에 이 접근법을 증명해 주기를 원했다. 나는 청중 중 논의하고 싶은 문제를 가진 사람이 있느냐고 물었다. 이윽고 한 여성이 강단으로 올라왔다. 여성은 최근 몸무게가 많이 늘었지만 살을 뺄 수도, 과식을 멈출 수도 없다고 했다. 나는 아르헨티나에 체류하는 동안 몸무게가 많이 줄어 고민이라고 말했다. 나는 여성에게 몸무게를 늘리는 방법을 가르쳐 달라고 접근했다. 여성은 아침을 늘 거른다고 말했다. 나는 항상 아침을 먹기 때문에 그게 내 첫 번째 실수인 것 같다고 대답했다. 여성은 곧 동료들이 매번 사 오는 기름진 페이스트리 빵을 지목했다. 여성은 매번 빵을 먹지 않겠다고 다짐하지만 결국에는 유혹에 넘어가고 만다고 했다. 처음에는 딱 한 조각만 맛볼 생각이라 빵을 아주 얇게 잘라내지만 어느새 계속 왔다 갔다 하며 빵을 먹어대는 자신을 발견하게 된다는 것이다. 점심이 되면 양껏 빵을 먹었다는 죄책감 때문에 드레싱 없이 샐러드만 먹는다. 그러고는 오후 내내 아무것도 먹지 않다가 집에 돌아가 가족들과 저녁 식사를 한다. 물론 이때도 양껏 먹지 않는다. 하지만 아이들이 잠자리에 들고 남편이 책을 읽기 위해 침실에 들어가면 여성은 냉장고 앞에 서서 충동적으로 아이스크림을 먹어댔다.

사람들은 여성의 패턴을 깨기 위해 무엇을 할 수 있을지 이야기를 나누었다. 여성은 아침을 먹기 위해 일찍 일어나기가 싫으며, 빵을 먹지 않으려 애써보았지만 소용이 없었다고 말했다. 그래서 우리는 아이스크림을 먹는 습관을 바꾸기로 했다. 아이스크림을 먹고 싶은 충동이 일면 그것을 침실로 가지고 가 남편 앞에서 먹기로 약속한 것이다. 당연하지만 이런 행동은 여성을 무척 불편하게 만들었고 이내 아이스크림을 먹지 않게 되었다. 자연스럽게 살도 빠지기 시작했다.

당신이 충동적으로 쿠키를 많이 먹는다고 가정해 보자. 패턴을 깨줄 한 가지 방법은 쿠키를 집는 손을 바꾸는 것이다. 당신이 오른손잡이라면 몸에 유익한 음식은 전부 오른손으로 집는다. 반면 쿠키를 비롯한 문제의 음식들은 왼손으로만 집는다. 또는 거실에 앉아 텔레비전을 보며 쿠키를 먹는 대신 당신이 살고 있는 아파트 출입문에서 쿠키를 먹어보라. 쿠키를 먹기 전 당신이 가진 가장 멋진 옷으로 갈아입는 것도 좋은 방법이다.

이런 방법들이 당신을 웃게 만들었다면 패턴 깨기가 올바른 길에 접어든 셈이다. 즐기면서 유쾌하게 시도하라.

한 가족이 계속되는 갈등으로 치료사를 찾았다. 딸과 새 남편은 늘 언쟁을 벌였고, 여성은 중간에 끼어 있었다. 언쟁이 일어날 때면 둘은 여성이 자신의 편을 들어주길 바랐다. 하지만 여성은 중립을 지키려고 노력했다. 치료사는 여성에게 또 언쟁이 일어나면 남편과 딸을 뒷마당으로 데려가 물총을 주라고 말했다. 두 사람은 등을 돌린 채 서서 여성이 열을 셀 때까지 기다린다. 카운트다운이 끝나면 물이 다 떨어질 때까지 서로에게 물총을 발사한다. 여성은 이 결투에서 누가 승자인지를 가린다. 예상대로 이 방법은 매우 우스웠고, 싸울 의욕을 사라지게 했다.

패턴에 새로운 일을 접목해 보는 것도 하나의 방법이다. 한 부인이 이렇게 불평했다.

"당신은 성관계에 관심이 없고 노력도 하지 않아."

부인은 성생활을 활력 있게 만들거나 관계 횟수를 늘리자고 말해봤지만 남편은 말로만 약속할 뿐 행동하지 않았다. 부인은 불만을 품었고, 성생활에 더 열정적이고 흥미가 많은 남자와 외도하는 환상에 빠져늘었으며, 결국 이혼을 결심했다. 열정적인 성관계 없이 남은 생을 보내고 싶지는 않았기 때문이다.

그러던 어느 날, 언쟁 중에 남편이 불만을 이야기했다. 남편은 부인이 설거지를 매일 하지 않으며, 대개 자신의 몫으로 설거지를 남겨둔다고 했다. 부인은 설거지를 더 자주 하겠다고 약속했는데, 그 조건으로 싱크대에 가득한 설거지를 하고 나면 성관계를 시도해 달라고 했다. 그 결과 부인은 훨씬 즐겁게 설거지를 하게 되었고 남편 역시 성생활에 능동적으로 임하게 되었다.

제프Jeff는 전형적인 문제 패턴을 가진 사람이었다. 그는 자신이나 다른 사람의 행동 중 무언가에 신경이 쓰이면 그것을 계속해서 생각했다. 그리고 그것을 깊이 생각하는 자신 때문에 다시 불안해했다. 문제는 그가 불안감을 혐오한다는 점이었다. 제프는 그런 감정을 피하려 술을 마셨고, 여자 친구·부모님·직장 동료 등 주변 사람들과 멀어지게 되었다. 또 그는 규칙적으로 운동을 했지만 술을 마실 때는 운동도 하지 않았다. 이 패턴이 몇 번 반복되자 제프는 매우 우울해졌고 공황장애까지 겪게 되었다. 결국 그는 치료사를 찾아왔다.

해결 지향적 치료 전문인 그 치료사는 제프와 함께 문제 패턴에 관해 이야기를 나누었다. 이내 둘은 문제 패턴을 깰 몇 가지 간단한 방법을 생각해 냈다. 제프는 자신이 무언가를 곱씹고 있다는 사실을 자각하면 즉시 다른 사람과 대화하기로 했다. 대화 상대는 보통 여자 친구겠지만 부모님이 될 수도 있고, 친구가 될 수도 있었다. 또 치료사와 짧게 통화를 할 수도 있었다. 그리고 불안을 느낄 때면 가능한 한 신속하게 운동을 하러 가기로 다짐했다. 이렇게 해서 제프는 술을 마시고 공황장애를 겪는 단계에 도달하지 않게 되었다. 문제 패턴을 깬 것이다.

단 이렇게 문제 패턴을 깰 때 해롭거나 위험한 일, 불법이거나 비윤리적인 일은 그게 무엇이든 하지 말라. 그런 방법들 말고 상상력을 발휘해서 창의적인 방법을 생각해 보라! 판에 박힌 방법들에서 벗어나 보는 것이다.

방법 1 요약: 문제 대응 방식을 바꿔라

문제가 생겼을 때 당신이 하는 행동을 바꿔보라. 문제에 대응하는 당신의 행동에 주목하고, 그것을 바꾸는 것이다.

문제 패턴 깨기 방법 2: 역설적인 방법을 사용하라

오스트리아의 한 고등학교에서 연극을 공연하기로 했다. 등장인물 중 한 명이 말더듬이였기 때문에 단원들은 학교에서 말을 더듬는 학생에게 해당 역할을 맡아달라고 요청했다. 소년은 무대에 오르는 것을 꿈꿨기 때문에 약간 부끄러워하면서도 이를 기꺼이 승낙했다. 그런데 연습 중에 당혹스러운 일이 일어났다. 말을 더듬는 장면을 연기할 때, 소년은 말을 더듬을 수가 없었다. 그는 아주 정확하고 분명하게 대사를 말했다. 결국 단원들은 해당 배역을 연기할 다른 학생을 찾을 수밖에 없었다.

오스트리아의 정신과의사 빅터 프랭클Viktor Frankl은 그의 환자들에게 이 이야기를 적용해 보기로 했다. 그는 불안 발작 증세를 보이는 환자들에게 "갑작스러운 상황에서 느끼는 불안과 공포를 떠올리고, 실제 상황인 것처럼 그것을 느껴보세요"라고 했다. 환자들은 불안과 공포를 떠올리려 했지만 앞선 일화의 소년처럼 대다수가 아무것도 느끼지 못했다.

프랭클은 이 기법을 불면증과 무기력증 등에도 적용해 성공을 거두었다. 프랭클은 잠을 자려고 애쓰는 환자에게 깨어 있으라고 지시했다. 그러면 환자는 오히려 잠에 빠져들었다. 성적인 흥분을 느끼려 애쓰는 환자에게는 흥분을 피하도록 지시했는데, 환자는 그럴수록 더 강하게 흥분했다. 프랭클의 방법은 문제를 해결하려고 하지 않았는데 문제가 해결되었다는 점에서 역설적이다. 자연적으로 이루어지는 일을 억제하려 할수록 반작용이 일어나기 때문이다. 즉 자연스러운 과정을 실행하지 않으려 해도 결국에는 예정된 상황으로 흘러가게 된다. 따라서 문제를 해결하려고 애쓰지 않거나, 상황을 더 악화시키려고 노력하는 것이야말로 해결책이다.

한 치료사가 광장공포증을 겪는 환자를 치료하는 데 애를 먹다가 나를 찾아왔다. 환자는 열아홉 살 소녀였는데 흔하지 않은 형태의 공포증을 겪고 있었다. 소녀는 집 밖을 나서는 일을 극도로 두려워했고, 집에서 멀리 떨어지려 하지 않았다. 소녀는 밖에 나가면 '어떤 일'이 벌어질 것이라고 확신했는데, 그 '어떤 일'이란 바로 화장실을 빨리 찾지 못해 바지에 소변을 보는 것이었다. 그래서 소녀는 화장실과 가까운 곳에서만 머무르도록 삶을 통제하고 있었다. 물론 소녀도 가끔 외출을 했다. 가령 집에서 몇 블록을 지나 자신이 다니는 대학까지 가는 정도는 괜찮았다. 길 어디에 화장실이 있는지를 전부 파악했기 때문이다. 또한 소녀의 어머니가 운전하는 차에는 탈 수 있었는데, 어머니는 길가에 존재하는 화장실을 모두 알고 있고, 소녀가 허용한 도로로만 운전해 주었기 때문이었다. 그럼에도 소녀는 차에 타 있는 동안 때때로 공포를 느꼈고, 그럴 때면 즉시 차를 세우라고 소리를 질렀다. 그리고 가장 가까운 화장실로 뛰어가 볼일을 보려 했다. 하지만 대부분의 경우 집을 나서기 전 미리 볼일을 보았기 때문에 소변은 나오지 않았다. 소녀는 이렇게 제한된 삶을 살고 있었다.

나는 소녀를 만나서 자신이 가진 문제 때문에 충격을 받은 일이 있는지를 물었다. 이를테면 예상하지 못했던 일이 벌어진 적이 있느냐고 질문했다. 소녀는 부모님이 이혼했고, 어머니를 선택해 함께 살고 있었다. 아버지는 이혼 과정에서 어머니보다 경제적으로 유리한 판결을 받았는데 모녀는 이 불공평한 사안 때문에 아버지에게 화가 나 있었다. 또한 아버지는 딸이 광장공포증을 앓는 것도 그다지 동정하지도 않았으며, 전 부인이 딸을 과보호해서 문제를 악화시키고 있다고 생각했다. 하지만 소녀는 이러한 상황에서도 아버지와의 관계를 유지하기 위해 노력하고 있었다.

그러던 어느 날, 아버지가 전화를 걸어 점심을 함께 먹자고 했다. 소녀는 자신이 말해주는 길로만 운선하고, 자신이 소리쳤을 때 즉시 차를 세운다면 점심을 함께 먹겠다고 했다. 하지만 소녀가 차에 타자 아버지는 고속도로 쪽으로 차를 몰았다. 소녀는 내려달라며 소리를 질렀다. 아버지는 그 말들을 무시하며 소리쳤다.

"이건 말도 안 되는 짓이야! 너는 바지에 오줌을 지리지 않을 거다! 네가 차에 오줌을 눈다면 당장 500달러를 주겠어!"

소녀는 격분해서 차에 소변을 보려고 했다. 자신과 어머니가 쓸 수 있게 돈도 받고, 자신을 배신한 아버지에게 복수하고 싶었다. 더군다나 아버지의 차는 하얀 시트가 깔린 신차였으니 타격이 클 터였다. 하지만 모두가 예상할 수 있듯 소녀는 아무리 노력해도 바지에 소변을 볼 수 없었다. 소녀는 자신이 소변을 지리지 않을 거라는 사실을 깨닫자 마침내 안정되었고, 두 사람은 침묵 속에서 레스토랑으로 향했다.

이 방법은 쏟아지는 모래에 빠진 영화 속 주인공에게 주변 사람들이 하는 말과 비슷하다.

"움직이지 마. 발버둥 치면 몸이 더 가라앉을 거야. 힘을 빼고 가만히 있으면 몸이 떠올라. 그렇게 자연스럽게 떠내려오다가 단단한 지대 가까이에 도착하면 몸을 빼내."

그렇다. 문제를 해결하려고 몸부림치는 대신 문제를 있는 그대로 받아들여라. 긴장을 풀고, 상황을 좋아지게 하려고 애쓰지 말라. 이는 그동안의 대응 방식과는 크게 다르겠지만 당신을 문제의 수렁에서 꺼내줄 수 있는 유일한 방법이다.

방법 2 요약: 역설적인 방법을 사용하라

문제 패턴을 깨는 한 가지 방법은 상황을 더 안 좋게 만들어 보는 것이다. 문제 행동을 더 강렬하게, 더 빈번하게 해서 상황을 악화시키면 된다. 혹은 일부러 문제를 만들어 볼 수도 있다. 아니면 문제가 일어나지 않도록 애쓰는 대신, 문제를 받아들이고 그냥 지켜보라. 이 방법은 불면증·불안증·공포증·공황장애 그리고 성적 흥분과 같은 감정적·육체적인 문제에서 가장 잘 통한다.

문제 패턴 깨기 방법 3: 새로운 행동을 문제 패턴에 접목하라

> 인생은 실험이다. 더 많이 실험할수록 더 나아진다.
>
> —랠프 월도 에머슨Ralph Waldo Emerson

문제 패턴을 깨는 또 하나의 방법은 문제 발생 시 다른 무언가를 접목해 보는 것이다. 당신이 생각하기에 꼭 해야 하지만 당장 하고 있지는 않은 행동을 이때 시도해 볼 수 있다. 또는 문제 행동을 하지 않게 동기를 부여해 줄 행동을 시도해 볼 수도 있다.

한 여성이 거식증에서 회복 중이었다. 여성은 체중이 더 빠지지 않게 유지하고 싶었지만 종일 물을 마시는 버릇이 있었다. 여성은 물을 계속 마셔서 배가 고프다고 느끼지 않았다. 그래서 식사 시간을 잊어버렸고 자꾸만 살이 빠졌다. 여성은 치료사의 도움을 받아 물을 마시는 습관에 다른 행동을 접목하기로 했다. 물을 한 컵 마실 때마다 약간의 크래커와 치즈를 먹기로 한 것이다. 여성은 이 방법으로 점차 음식을 먹는 습관을 들였으며 체중을 안정적으로 유지할 수 있었다.

문제 패턴을 깨고 싶다면 부담스럽거나 하기 힘든 일을 찾아내라. 그리고 문제 행동을 할 때마다 그 일을 행하라.

앞서 언급했던 정신과의사 밀턴 에릭슨은 심각한 불면증 때문에 자신을 찾아왔던 남성의 이야기를 들려주었다. 남성은 부인이 일찍 세상을 떠난 후로 푹 잘 수가 없었다. 잠을 자려고 침대에서 몇 시간을 뒤척이다가 새벽 4시쯤이 되어야 잠들곤 했다. 에릭슨을 찾아오기 전주에는 총 열두 시간 정도만 수면을 취한 상태였다. 그런데 이야기를 나누던 중 그는 아들과 함께 사는 것이 무척 좋다고 이야기했다. 이유인즉슨 그의 커다란 집 바닥에 멋진 나무가 깔려 있는데 이를 유지하려면 정기적으로 왁스 칠을 해주어야 했다. 하지만 남성은 이 일을 아주 싫어해서 아들이 대신 해주고 있었다. 또한 둘이 집안일을 나누어 하고 있어서 훨씬 덜 번거롭다고 했다.

에릭슨은 불면증을 치료해 줄 수는 있지만 환자 본인이 열심히 노력해야 하며, 상당한 희생이 필요하다고 말했다. 남성은 불면증 때문에 거의 미칠 지경이었으므로 어떤 일이라도 기꺼이 하겠다고 답했다. 그리고 자신은 열심히 일하는 것을 두려워하지 않는다고 장담했다. 에릭슨은 그에게 평상시대로 저녁 8시에 잠자리에 들라고 조언했다. 그리고 15분이 지나도 잠들지 않았다면 평소 그의 기상 시간인 새벽 6시까지 바닥에 왁스 칠을 하라고 말했다.

그 후 남성은 3일간 왁스 칠을 하며 밤을 보냈다. 남성은 기진맥진해졌지만 네 번째 날 밤에도 여전히 잠을 이룰 수가 없었다. 남성은 어쩔 수 없이 일어나 왁스 칠을 시작했다. 하지만 이내 너무 지쳐서 계속할 수가 없었다. 그는 침대로 가서 몇 분만 눈을 붙였다가 일어나기로 했다.

남성이 다시 눈을 떴을 때, 어느새 아침이 되어 있었다. 시계를 보니 무려 아홉 시간이나 잔 후였다. 그 후 그는 불면증으로 고생하지 않았다. 에릭슨은 얼굴을 찡긋하며 그 남성은 바닥에 왁스 칠을 하지 않기 위해서라면 무슨 짓이라도 할 태세였다고 말했다. 그것이 잠을 자는 일일지라도 말이다.

시련을 주는 방법에는 다른 사례도 있다. 불면증에 시달리던 한 변호사가 있었다. 에릭슨은 잠이 오지 않는 밤에 고전 명작을 읽으라고 조언했다. 변호사는 야간 학교를 나왔고, 자신의 교육 수준을 '이류'라고 느꼈기 때문이다. 실제로 그는 고전 명작조차 제대로 읽어본 적이 없다고 했다. 그는 에릭슨의 제안을 받아들여 매일 밤 거실 의자에 앉아 고전 명작을 읽기 시작했다. 그는 상당히 빨리 잠들게 되었다. 이에 에릭슨은 독서를 더 많이 할 수 있도록 일어선 채로 벽난로에 기대어 책을 읽는 방법을 알려주었다. 그 결과 환자는 선 채로 잠에 빠져들 수 있을 정도로 완치되었다.

이 사례들에서 우리는 문제를 해결하기 위한 새로운 방법을 발견할 수 있다. 유쾌하지 않은 활동을 문제 패턴에 접목하라. 그렇게 하면 문제를 빨리 해결할 수 있을 것이다.

당신이 생각하기에 문제라고 생각하는 행동을 찾아내라. 그 행동이 당신에게 득이 될 수도 있다. 꼭 해야 하지만 회피하거나 미루고 있는 일을 찾아내고, 문제 행동을 하고 싶은 충동을 느낄 때마다 미루고 있던 일을 먼저 하라. 그렇게 할 수 없다면 문제 행동이 일어난 시간만큼 미루고 있던 일을 하라. 유쾌하지 않다고 생각하는 일을 문제 행동에 접목함으로써 문제를 막는 것이다.

쥐보다 똑똑해지는 방법

당신이 구멍에 빠졌다면, 구멍을 파는 일을 멈춰라.

—몰리 이빈스Molly Ivins

한 남성이 지혜를 찾아 전 세계를 떠돌았다. 남성은 무엇이 인간을 살게 하는지, 세계가 어떻게 움직이는지 알고 싶었다. 그런데 조사를 할수록 그는 여러 분야에 끌리게 되었다. 남성은 종교를 바꿔가며 영적 분야를 연구했고 무술, 스포츠, 요가, 다른 신체적인 분야도 연구했다. 그뿐 아니라 수학, 물리학, 경제학, 지리학, 지질학, 사회학, 인류학을 연구하다가 마침내 심리학을 연구하기에 이르렀다.

그는 인간과 이 세계에 관한 지혜를 조금이나마 깨우치게 되었다. 동시에 그간 모은 지혜 중 상당 부분이 어림짐작일 뿐이라는 사실도 깨달았다. 그래서 빨리 다음 분야로 넘어갈 수 있도록 심리학의 핵심만을 짚고 넘어갈 생각이었다.

남성은 심리학을 공부하기 위해 도서관으로 향했다. 그리고 그곳에서 간결하면서도 모호하지 않아 보이는 심리학 책을 한 권 골랐다. 《심리학이 증명한 문제들Things Psychology Has Proved》이라는 꽤 얇은 책이었다. 하지만 책을 읽고 나서 남성이 안 사실이라고는 쥐에게 미로를 통과하는 법을 가르칠 수 있다는 것과, 그 쥐가 어떻게 하면 더 빨리 미로를 통과할지를 배울 수 있다는 사실뿐이었다. 그것이 심리학이 이야기한 전부였다.

나 역시 대학원생 시절, 이 실험을 해봐서 어떻게 진행되는지 알고 있었다. 먼저 하얀색 쥐를 미로 입구에 놓는다. 미로에는 다양한 구멍으로 이루어진 네 개의 출입구가 있고, 이것은 언제든 제거할 수 있다. 즉 미로의 패턴도 언제든 바꿀 수 있다. 실험 시작과 함께 통로 한쪽 끝에 약간의 치즈를 가져다 놓는다. 일단 치즈를 네 번째 통로 끝에 놓았다고 가정해 보자.

이제 쥐를 미로 입구에 놓으면 된다. 쥐가 첫 번째 통로를 따라 내려가지만 거기에는 출구도 치즈도 없다. 쥐는 배가 고프기 때문에 두 번째 통로로 이동한다. 거기에도 출구와 치즈는 없다. 이번에는 세 번째 통로로 간다. 역시 출구와 치즈는 보이지 않는다. 쥐는 네 번째 통로에 이르러서야 출구를 찾고 치즈도 발견한다. 그 순간 쥐를 들어 올린다. 그리고 쥐를 조금 더 굶주리게 한 후 다시 미로 입구에 놓는다. 치즈는 먼젓번과 마찬가지로 네 번째 통로 끝에 놓는다. 이번에도 같은 패턴이 반복된다. 쥐는 첫 번째, 두 번째, 세 번째 통로를 차례로 지나 치즈가 없다는 것을 확인하고 마지막으로 네 번째 통로에 들어선다. 쥐는 다시 미로에서 탈출하고 치즈도 발견한다. 이제 당신은 똑똑한 쥐를 가지게 되었다. 당신이 쥐를 미로 입구에 올려놓으면 쥐는 곧장 네 번째 통로로 가서 치즈를 찾아낼 테니 말이다.

그러면 이제 네 번째 통로를 봉쇄할 차례다. 잔인한 심리학과 학생인 당신은 쥐가 이전 패턴을 잊어버리고 새로운 패턴을 습득하기까지 시간이 얼마나 걸리는지를 알아보려 한다. 이번에는 두 번째 통로 끝에 출구를 만들고 치즈를 놓는다. 그리고 미로 입구에 쥐를 놓는다. 쥐는 곧장 네 번째 통로로 향한다. 하지만 그곳에는 출구도 치즈도 없다. 쥐는 혼란스러워하며 네 번째 통로를 왔다 갔다 한다.

쥐가 같은 통로에서 왔다 갔다 할 때 당신은 그 쥐가 몇 번이나 헤매는지를 기록한다. 얼마 지나지 않아 쥐는 정말로 배가 고파져서 네 번째 통로를 포기한다. 그리고 처음 그랬던 것처럼 첫 번째 통로를 지나 두 번째 통로로 가서 치즈를 찾아낸다. 당신이 계속해서 치즈를 두 번째 통로에 놓는다면 이내 쥐는 두 번째 통로로만 향할 것이다.

심리학책을 다 읽은 남성은 책을 원래 자리에 꽂으며 생각했다.

'나는 인간에 관한 지혜와 세상이 어떻게 돌아가는지를 탐구해 왔어. 그런 나에게 이 책이 주는 교훈은 아주 제한적이야. 쥐와 인간 사이에는 아주 커다란 차이가 있으니까. 지금까지 내가 배운 내용에 따르면 배가 고픈 쥐들은 결국 다른 통로를 찾아낼 거야. 하지만 인간은 그렇지 않아. 인간은 같은 통로만 고집하며 언젠가는 치즈가 원래 있던 장소에 나타날 것이라고 확신하지. 치즈가 한번 그곳에 있었다면 영원히 그럴 거라고 믿는 거야.'

이제껏 상담을 하면서 나도 그렇게 느꼈다. 심지어 어떤 사람들은 네 번째 통로 끝에 의자를 두고 앉아서 기다리기도 한다. '나는 열심히 기다리기만 하면 돼. 치즈가 여기에 곧 나타날 게 확실하니까'라고 생각하는 것이다. 그들은 일상에서도 그렇게 생각한다. '내가 자란 가족 안에는 이것이 있었어. 그러니까 이것은 여기에 있어야만 해'라든가 '내 마지막 연인 관계가 그랬으니 다음 연인과도 그럴 거야'라고 생각하는 식이다. 또는 '그것은 당연히 여기에 있어야만 해. 그러니 난 기다리기만 할 거야'라고 생각하기도 한다.

사실 이러한 실험에서 쥐는 자신이 배가 고프며, 아직 치즈가 발견되지 않았다는 사실만 안다. 이와 반대로 인간은 자신의 믿음을 몇십 년이나 고집한다. 당신도 해결 지향적 접근법을 이용해 삶 속에서 치즈를 찾아낼 수 있다. 자신의 신념과 생각을 고집하는 버릇만 버리면 얼마든지 가능하다. 이렇게 하면 당신의 문제에 관해 적어도 쥐보다는 현명하게 대처할 수 있다.

대부분의 사람은 다음의 해결 열쇠 1만으로도 문제를 충분히 해결할 수 있다. 설령 실패하더라도 변화가 시작되게 해준다. 그러니 다음 방법이 효과가 없었다며 낙담하지는 말리. 당신은 이 방법을 시도해 보고 효과가 없었다는 사실을 확인했다. 시도조차 하지 않았다면 이 방법이 효과가 없다는 사실조차 알 수 없었을 것이다. 다음 장에서는 해결 패턴을 찾아 활용하는 법을 배울 것이다.

해결 열쇠 1 : 문제 패턴을 깨라

방법 1 : 문제 대응 방식을 바꿔라

원하는 대로 되지 않는 일들을 바꾸거나 문제를 해결하기를 원하는가? 문제 상황에서 당신이 반복하고 있는 행동 중 일부를 바꾸어 보라.

방법 2 : 역설적인 방법을 사용하라

문제를 그냥 내버려두거나 더 악화되도록 만들어라. 문제를 고치려 들지도 말고 상황을 나아지게 하려고 애쓰지도 말라.

방법 3 : 새로운 행동을 문제 패턴에 접목하라

문제가 발생할 때마다 새롭지만 약간 고된 일을 덧붙여라.

3장

해결 지향적으로 행동하기

: 효과 있는 것 시도하기

사람들은 자신이 가진 근심을 세는 것을 좋아해서 기쁨을 세지
않는다.

−표도르 도스토옙스키Fyodor Dostoevsky,

《지하 생활자의 수기Notes from the Underground》 중

패턴을 깨는 가장 빠른 방법 중 하나는 이전에 효과적이었던 방
법을 찾아내는 것이다.

1장에서 언급했던 '밀워키의 제비꽃 여왕'을 떠올려 보자. 에릭
슨은 동료의 고모가 고립감과 우울을 극복하는 데에 원예가 도움이
될 거라고 생각했다. 이처럼 패턴을 깨고 문제를 해결하는 데 이용
할 수 있는 당신의 제비꽃은 어디에 있는가?

해결 열쇠 2 : 해결 패턴을 찾아서 활용하라

문제 해결을 위한 다음 해결 지향적 접근법을 알아보자. 먼저 예전에 비슷한 문제를 겪었을 때 일을 조금 수월하게 만들었거나 완전히 해결하게 한 방법을 찾아보라. 다른 사람의 방법이어도 좋다. 사실 이 방법은 2장의 주제를 변형한 것이기도 하다. 당신이 실행하고 있는 방법이 효과가 없다면 다른 방법을 시도해 보라는 말이다. 여기서는 '다른 방법'을 '이전에 효과를 본 방법'으로 한정한다. 이 경우 무엇을 어떻게 해야 할지 이미 알고 있기 때문에 실천하기가 쉽다. 또한 당신의 환경에도 꼭 들어맞아서 다른 사람의 생각이나 해결 방안을 따를 때처럼 이질적으로 느끼지도 않는다.

문제를 보다 쉽고 효율적으로 해결하는 또 하나의 방법은 문제가 나아진 시기를 찾아내는 것이다. 그리고 당시에 취했던 행동을 지금 문제에 의도적으로 적용해 보자. 여기 당신이 주목해야 할 네 가지 영역이 있다.

해결 패턴 찾기 방법 1: 문제가 벌어질 것이라고 예상했지만 아무 일도 일어나지 않았던 때를 떠올려라

자신에게 이렇게 질문하라.

'문제가 벌어질 것이라고 예상했지만 아무 일도 일어나지 않았던 때가 있었나?'

어떤 이유에서인지 문제가 발생하지 않은 순간이 있었을 것이다. 그런 시기나 우연을 기억해 내라. 배우자와 일상적으로 다투려던 순간, 특정 행동이 다툼을 면하게 해준 적이 있는가? 그때 왜 상황이 나아졌는가? 문제가 발생하지 않았거나 평소처럼 흘러가지 않았을 때, 배우자는 어떻게 반응했는가? 배우자가 우스갯소리를 하거나 목소리 톤을 바꾸었는가? 아니면 당신의 손을 잡아주었는가?

보통 때처럼 문제가 일어날 분위기였는데 돌연 상황이 더 진행되지 않았거나 평소와 다른 방향으로 흘러간 때가 있는가? 예를 들어 당신이 평소 두려워해서 피하려던 일이 일어났는데 어떤 까닭인지 자신감이 생겨서 일을 진전시킨 경우가 있지 않은가?

그런 순간들을 기억해 냈다면 그때 당신이 했던 행동 중 평소와 다른 것을 생각해 내라. 밤마다 쿠키를 한 봉지씩 먹은 탓에 체중이 늘어났고, 이 습관을 고치기로 했다고 가정해 보자. 먼저 당신이 쿠키를 먹지 않았던 밤을 떠올려 보라. 친구가 방문해서일 수도 있고, 점심을 거하게 먹어서 평소만큼 배가 고프지 않았을 수도 있다. 신나는 소식이 있어서 보통 때처럼 피곤하지 않았을 수도 있다. 어쩌면 다이어트 중이었는지도 모른다. 여기서 주목하고자 하는 것은 쿠키를 먹지 않은 이유가 아니다. 쿠키를 먹는 대신 당신이 했던 행동이 중요하다. 독서를 하면서 시간을 보냈는가? 영화를 보러 가거나, 옷장을 정리하거나, 친구와 전화로 수다를 떨었는가? 바로 그행동이 핵심이다. 해결 지향적 접근법에서는 당신이 어떤 이유로 쿠키를 먹지 않았는지를 분석하지 않는다. 대신 이렇게 제안한다.

"당신이 그날 밤에 자연스럽게 했던 행동을 의도적으로 반복하면 됩니다."

당신은 피곤한 상태로 집에 도착했고, 밤에 쿠키를 먹을 것 같은 상황이 되었다. 그때 가만히 앉아서 책을 읽는다. 혹은 친구에게 전화를 걸거나 영화를 보러 나간다. 옷장을 정리할 수도 있다. 그러면 어느덧 쿠키 쪽으로 손을 덜 뻗는 자신을 발견할 것이다. '내가 왜 그렇게 행동했는가?'에 집중하는 대신 '내가 한 일'에 집중하라. 그리고 행동하라. 완벽할 필요는 없다. 또 매일 밤 하지 않아도 된다. 그저 당신이 가진 해결 패턴을 실행해 보라. 그리고 어떤 일이 일어나는지를 발견하라.

일반적인 경우, 효과를 보았던 행동을 반복하는 것만으로도 기분이 달라지기 시작한다. 세상을 그리 막막하게 느끼지도 않고, 피곤함도 한결 덜하다. 어떤 일을 다르게 시도하는 것 역시 쉬워진다.

방법 1 요약: 문제가 벌어질 것이라고 예상했지만 아무 일도 일어나지 않았던 때를 떠올려라

자신에게 이렇게 질문하라.

'문제가 벌어질 것이라고 예상했지만 아무 일도 일어나지 않았던 때가 있었나?'

보통의 문제 패턴과 달랐던 때를 찾아내라. 그리고 그 순간을 집중적으로 파고들어라. 어떤 행동이든 당시에 효과가 있었다면 그것을 의도적으로 반복하라.

해결 패턴 찾기 방법 2 : 문제가 끝나거나 진정되기 시작했을 때 한 행동에 주목하라

문제가 진정되어 갈 때 일어났던 일을 활용해 보는 것도 때로 도움이 된다. 이는 문제 발생 빈도를 낮추거나 인생에서 문제를 빠르게, 아예 없애고 싶을 때 특히 유용하다. 우선 문제가 끝나거나 진정되기 시작했을 때 한 행동을 발견하라. 그리고 다음에 문제가 발생했을 때 그 행동들을 의도적으로 하라. 이게 익숙해지면 문제가 발생하기 전에 그 행동을 해서 문제를 예방하면 된다.

한 부부가 내게 결혼 생활을 상담했다. 부부는 일종의 냉전 중이었다. 처음에는 몇 마디를 주고받다가도 이내 침묵에 빠져 몇 날 며칠을 말 한마디 없이 보내는 식이었다. 보통 어떻게 하면 냉전이 끝나는지를 물어보자 부부는 전화로 얘기하면 풀린다고 대답했다. 부부 중 한 사람이 출장을 자주 다녔고, 냉전 중이라도 통화를 하면 자연스레 화해하게 되었다는 것이다. 멀리 떨어져 있어서일 수도 있고, 얼굴을 보지 않고 대화하는 편이 더 잘 통해서일 수도 있다. 이유가 무엇이든 부부는 이 방법을 쓰기로 결심했다. 냉전이 시작될 기미가 보이면 서로에게 한 시간 내에 전화를 걸기로 한 것이다. 그들은 이를 실천했고, 이 방법이 냉전을 훨씬 빨리 끝내준다는 사실을 알게 되었다.

문제를 끝내는 데 도움이 되었던 행동들을 찾아내라. 그리고 문제가 벌어지기 전에 의도적으로 그 행동을 해서 문제를 예방하라.

해결 패턴 찾기 방법 3: 만족한 다른 상황에서 해결 패턴을 가져와라

당신이 인생에서 긍정적으로 여기는 분야를 생각해 봄으로써 해결책을 찾을 수도 있다. 이를테면 취미, 특화된 지식, 능숙한 기술 같은 것 말이다. 지금부터 이를 '강점 영역'이라고 부르겠다. 당신이 맞닥뜨리고 있는 문제를 해결하는 데 도움이 될 만한 능력이 있는가? 당신은 스웨터를 뜨면서 굉장한 인내력을 키워왔을 수도 있다. 그러면 10대 자녀가 당신의 인내력을 시험할 때 조금 더 참을성을 발휘해 대응할 수 있을 것이다. 직장에서 마케팅 관련 일을 배운 적이 있는가? 이를테면 고객의 니즈를 알아채는 방법 말이다. 배우자와 잘 지내는 데 그 방법이 도움이 될 수도 있다. 골프장에서 방향을 잃었을 때 무엇을 해야 하는지 배운 적이 있는가? 운전이 서툰 경우 이 지식이 도움이 될 수 있다.

나는 결혼 생활을 불행하다고 느끼는 여성과 상담한 적이 있다. 이 여성은 부부 치료에 회의적이었고, 남편과의 문제를 홀로 해결해야 한다고 생각했다. 여성은 남편이 변덕이 심한 사람이라고 하면서 남편이 자신에게 마구 소리를 질러댔다고 털어놓았다. 심지어 이전에는 육체적인 학대도 당했다고 했다. 다행히 지금은 그 버릇을 고쳤으나 여성은 남편에게 더 변화를 요구할 수 없다고 생각하고 있었다.

"남편을 있는 그대로 받아들이는 방법밖에는 없는 것 같아요. 남편은 그저 변덕이 심할 뿐이에요. 그걸 바꿀 수는 없잖아요."

"제 생각은 다릅니다. 폭력적인 행동을 고친 것처럼 변덕스러운 행동도 바꿀 수 있습니다."

나는 이렇게 말했으나 여성은 과연 남편이 변할 수 있을지 모르겠다고 말을 흐렸다.

"잠깐 제 말을 들어보세요. 친구분은 당신이 뛰어난 말 조련사라고 하더군요. 말을 정말 잘 다뤄서 믿기 어려울 정도라고 했어요. 그렇다면 당신은 정말로 특별한 사람입니다."

"네, 맞아요. 제가 생각해도 저는 말을 참 잘 다뤄요."

"그렇다면 제게 한번 말씀해 보세요. 누군가가 당신에게 말을 한 마리 데려와서 이 말은 훈련시킬 수 없을 거라고 단언한다면 어떻게 하시겠어요? 그 말을 길들이는 게 정말 불가능한 일이라고 한다면 말이에요."

여성은 자세를 고쳐 앉더니 목소리에 힘을 주어 대답했다.

"세상에 훈련시키지 못할 말은 없어요!"

나는 다시 물었다.

"그 말을 길들이는 일이 불가능하다고 누군가가 말한다면요?"

"전 수긍하지 않을 거예요. 길들일 수 없는 말이란 세상에 없으니까요."

"그렇다면 그런 말을 어떻게 훈련시킬 건가요?"

"말을 조련하는 데에는 네 가지 기본 원칙이 있어요."

나는 메모장을 꺼내 들고 물었다.

"네 가지 원칙이요? 좋습니다. 그게 뭔지 들을 수 있을까요?"

여성은 원칙들을 설명하기 시작했다.

"첫 번째 원칙은 한 번에 하나 이상을 가르치지 않는 거예요. 설령 말이 5분 만에 그것을 익혔고, 훈련 시간이 한 시간이나 남았다 해도요. 그 이상을 가르치면 말이 혼란을 느끼거든요. 말이 하나를 학습했다고 느끼면 훈련을 끝내면 돼요."

나는 '작은 변화면 충분하다. 말이 한 가지를 학습했다면 휴식하게 두어라'라고 적었다.

"두 번째 원칙은 말 때문에 화가 났다면 훈련을 계속해서는 안 된다는 겁니다. 그럴 경우 말을 혼낼 수 있거든요. 화가 나서 말을 묶어두었다면 일단 산책을 하고 오세요. 기분이 나아지면 다시 훈련을 하고, 그렇지 않다면 다음 날로 훈련을 미루세요. 훈련은 다음 날 다시 하면 됩니다."

나는 메모장에 '화내지 말라. 그러면 훈련을 시키기보다는 말을 혼내게 된다'라고 적었다.

"세 번째 원칙은 말이죠. 말을 타본 적이 없다면 설명하기 어렵지만…… 제가 화를 내지도 않았고 말을 묶어두지도 않았는데 말들이

비협조적일 때가 있거든요. 어떤 식으로든 저와 싸우려 드는 거죠. 물론 저는 강단이 있지만 보시다시피 몸이 작고, 상대는 경주마들이에요. 거칠고 강합니다. 저는 무조건 말들에게 협조하지는 않아요. 그럴 경우 우선 손에서 고삐를 놓습니다. 그건 제게 아주 두려운 일이에요. 울타리에 내동댕이쳐진 경험이 있거든요. 하지만 제가 고삐를 놓고 있으면 말에게 끌려다닐 일도, 상황을 바로잡으려고 애쓸 일도 없어요. 말들이 진정하면 저는 고삐를 다시 잡아가며 조련사의 임무를 시작합니다."

나는 '임무를 다하기 위해서 작은 통제를 포기하라'라고 적었다.

"네 번째는 훈련법을 하나 선택했다면 그것을 끝까지 유지하는 겁니다. 훈련법을 중간에 바꾸지 마세요. 일관성을 유지한다면 아주 까다로운 말도 변하게 할 수 있습니다."

나는 '일관성 있는 훈련법을 선택해서 유지하라'라고 적었다.

여성의 설명이 끝나자 나는 메모장을 뜯어서 여성에게 건넸다.

"받으세요. 남편을 말이라고 생각합시다. 당신이 말 전문가인 것처럼 저는 남편에 관한 한 전문가입니다. 저는 당신의 남편이 변할 수 있다고 봅니다. 저는 제 부인에게 '나는 학습이 더디지만 배울 수 있어. 함께 해결해 나가자'라고 말합니다. 이런 것처럼 당신의 남편도 학습할 수 있어요. 조금 전 당신은 '세상에 훈련시킬 수 없는 말이 존재한다'라는 사실을 받아들이지 않았습니다. 저도 당신의 남편이 변할 수 없다는 사실을 받아들이지 않겠습니다."

여성은 눈이 휘둥그레졌다. 여성은 남편을 조금 더 예의 바르고,

덜 폭력적으로 바꿀 계획을 세워서 집으로 돌아갔다.

강점 영역을 확인하는 또 다른 방법이 있다. 당신과 유사한 문제에 빠졌던 지인을 참고하는 것이다. 지인의 행동 중 몹시 감탄해서 따라 하고 싶다고 생각한 것을 찾아라. 직장에서 해고되었지만 경탄할 만한 방식으로 그 문제를 다룬 지인을 알고 있다고 가정해 보자. 당신은 10대인 자녀가 약물에 빠져 있다는 사실을 알았고, 이 문제를 해결하고 싶다. 지인이 위기 상황에서 취한 행동 중 어떤 것을 적용하면 당신의 문제를 해결할 수 있겠는가? 또 주변 사람들이 평범한 교육 코스를 밟으라고 강요했음에도 꿈을 좇아 성공한 사람의 자서전을 읽었다고 가정해 보자. 당신이 고소공포증 때문에 문제의식을 가지고 있다면 그 자서전의 내용 중 무엇을 적용할 수 있을까?

방법 3 요약 : 만족한 다른 상황에서 해결 패턴을 가져와라

직장 생활이나 취미 생활, 친구 관계 등 다양한 상황 속에서 자신이 반복하는 패턴을 살펴보고, 그 안에서 현재의 문제를 해결하는 데 도움이 될 만한 실마리를 찾아내라.

해결 패턴 찾기 방법 4 : 문제가 더 악화되지 않은 이유를 찾아라

상황이나 문제가 더 심각한 상태에 이르지 않았다는 사실은 무엇을 뜻하는가? 이 질문은 해결 패턴을 찾는 것과는 상관없는, 이상한 질문처럼 보일지 모른다. 하지만 이 방법은 종종 효과를 발휘한다.

몸무게가 125킬로그램에 달하는 한 남성이 있었다. 그는 자신이 식단을 조절할 수 없으며, 체중도 통제 범위에서 벗어났다고 이야기했다. 나는 그 말이 사실이라면 왜 몸무게가 150킬로그램까지 나가지 않느냐고 물었다. 남성은 잠시 어이없다는 듯한 표정을 지었다. 남성은 곧 그 정도까지 체중이 증가한다면 자신이 견딜 수 없을 것이라고 대답했다. 이 말인즉슨 그는 자신이 견딜 수 없는 수준까지 살이 찌는 것을 막고 있다는 뜻이었다. 나는 그 점을 지적하며 그에게 살이 더 찌는 것을 막기 위해 무엇을 했는지 아직 설명하지 않았다고 말했다. 그는 몸무게가 125킬로그램이 되면 식단을 수정하고 운동량을 늘린다고 설명했다. 다시 말해 그는 처음에 말했던 것처럼 식단을 조절할 수 없는 상태가 아니었다.

우리가 실행할 수 있는 전략은 명확했다. 몸무게가 최고치에 달하지 않은 상태에서 앞서 말한 방법을 실행하는 것이었다. 남성은 체중을 줄이는 방법을 이미 알고 있었다. 다만 자신이 알고 있는 방법을 미리미리 실천하지 않은 게 문제였다. 이제 동기를 부여하는 일만이 남았다. 우리는 체중을 줄이고 싶게 만드는 것들을 생각해보았다. 남성은 체중계와 거울 속의 자신을 보면서 옷이 꽉 껴서 맞지 않는 모습을 상상하겠다고 말했다. 또한 우리는 체중이 125킬로그램이 아니라 120킬로그램이 되었을 때부터 이 전략을 실행하기로 약속했다. 그는 자신이 해왔던 방법을 이용해 체중을 서서히 줄여갈 수 있었다.

해결 지향적 접근법이 심각한 문제에 도움을 준 사례도 있다. 리처드Richard라는 한 남성은 위험한 상황에 치달을 정도로 심한 정신 질환을 앓고 있었다. 하지만 해결 지향적 접근법을 적용하자 감당할 수 있는 수준으로 상태가 완화되었다.

처음 상담을 시작했을 때, 리처드는 결혼한 지 얼마 되지 않은 상태였다. 그는 매일 밤 보이지 않는 존재가 자신을 찾아와 성행위를 강요한다고 확신했다. 리처드는 부인이 거실에서 잠들기 시작한 시점부터 이런 일이 벌어졌다고 말했다. 부인은 재봉사였고, 출산을 한 지 얼마 되지 않았으며, 일을 하다가 깜박 잠드는 일이 잦아져 아예 거실에서 쉬곤 했다. 리처드는 침실에 홀로 남게 되었다. 어느 날 밤, 정체를 알 수 없는 존재가 리처드를 찾아왔다. 그 존재는 리처드에게 성적인 접촉을 시도했다. 리처드는 부인을 속인다는 죄책감이 들었지만 한동안 부인과 친밀한 관계를 갖지 못해 모순된 감정으로 그 존재를 받아들였다. 하지만 방문 횟수가 늘어날수록 그 존재는 더 난폭하고 공격적으로 행동하기 시작했다. 때때로 고통스러울 만큼 강하게 접촉해 상처가 생길 정도였다. 리처드는 저항하기 시작했으나 너무 늦었다. 그 존재는 리처드의 의사와 상관없이 성행위를 강요했다.

리처드는 겁에 질렸다. 그는 혼령에 관한 정보를 얻기 위해 도서관을 찾았고, 자신을 찾아온 존재가 여성 악령이라는 사실을 알게 되었다. 리처드는 즉시 목사를 찾아가 도움을 구했다. 현명하고 덕망 높기로 알려진 목사는 결혼 생활 중 스트레스를 받고 있는 것 같다며 그를 안심시켰다. 그리고 부인과 솔직하게 대화해 지금의 곤란한 상황을 해결하라고 조언했다. 리처드는 목사의 말대로 부인에게 사실을 털어놓았다. 부인은 놀라면서도 남편을 걱정했고, 이해하려 애썼다. 두 사람은 정기적으로 친밀감을 회복했고, 그 이후 얼마 동안은 악령이 나타나지 않았다. 하지만 부인이 늦게까지 일하던 어느 날 밤, 악령이 다시 나타났다. 악령은 이전보다 더욱 고통스럽고 두려운 방식으로 리처드에게 다가왔다. 리처드는 몸부림치며 저항했지만 아무 소용이 없었다. 그날을 기점으로 이러한 밤이 반복되었다. 리처드는 매번 극심한 고통을 느꼈고, 심장이 멈출지도 모른다는 두려움에 사로잡혔다.

리처드는 다시 한번 목사에게 도움을 청했다. 그리고 부인과 부모에게도 사실을 털어놓았다. 리처드의 부모는 아들이 영적인 문제에 시달리고 있다고 믿었고, 목사에게 간청해서 악령 퇴치 기도문을 얻었다. 기도문은 상황을 잠시 진정시켜 주었지만 딸에게서 이야기를 전해 들은 장인 장모가 합세해서 상황을 악화시켰다. 그들은 딸의 안위를 염려했고 사위가 정신과의사에게 치료를 받아야 한다고 믿었다. 부부와 양가 부모가 언쟁을 벌이자 곧 악령이 다시 나타나 리처드를 강간했다. 리처드는 부인과 성관계를 하는 것을 두려워하게 되었다. 악령이 자신의 몸을 통해 부인에게 들어갈까 봐 무서웠던 것이다.

리처드는 모든 일의 배후에 악령이 있다고 확신했지만 한편으로는 정신 질환일 수 있다는 생각도 들었다. 원인이 무엇이든 리처드는 도움을 원했고, 악령이 공격을 멈추길 바랐다.

나는 리처드에게 나 역시 문제의 본질이 무엇인지 확신할 수 없다고 말했다. 초자연적인 무언가가 원인일 수 있으며, 다른 것이 원인일 수도 있었다. 하지만 원인이 무엇이든 나는 도움이 될 만한 무언가를 찾아내야 했다. 우리는 얼마 동안 이야기를 나눈 끝에 악령의 공격을 막아준 것 같은 네 가지 일을 찾아냈다.

1. 부인과 성관계를 한 일이 도움이 되었다. 목사는 하나님이 그의 결혼 결속을 봉인했기 때문에 부부가 성관계를 하는 동안 악령이 들어올 수 없다고 단언했다. 따라서 목사는 악령이 접근할 수 없도록 가능한 한 자주 성관계를 할 것을 추천했다. 목사는 정말로 현명했다. 부부는 근래 목사의 조언을 따랐으며 그것이 도움이 되었다.

2. 악령 퇴치 기도문을 읊은 일이 아주 잠시 도움이 되었다.

3. 부인과 목사에게 악령이 찾아온다는 사실을 말한 일이 도움이 되었다. 이렇게 사실을 털어놓은 날 밤에는 악령이 찾아오지 않았다. 나와 상담하는 일도 같은 효과가 있었는지 물으니 리처드는 그런 것 같다고 대답했다. 상담할 때 내가 그를 비난하거나 혐오하지 않아서 죄책감과 두려움을 덜 수 있었다고 했다. 반면 그의 부모와 처가댁에 사실을 말한 일은 도움이 되지 않았다. 오히려 양측 부모가 개입한 후 악령이 더 빈번하게 그를 방문했다.

4. 악령이 찾아온 날 밤, 리처드는 침대에서 일어나 옷만 걸친 채 거리로 달려 나간 적이 있다. 악령은 거기까지는 따라올 수 없는 듯했으며 그날 밤 다시 나타나지 않았다.

우리는 도움이 되었던 위의 네 가지 행동을 더 자주 하기로 계획을 짰다. 얼마 지나지 않아 악령은 방문을 멈추었다. 부부는 양가 부모와도 약간의 거리를 두기로 했다.

리처드는 신경계나 생물학적으로 문제가 있었을까? 정신병리학이나 의학적인 지식을 가진 독자라면 아마 고개를 끄덕였을 것이다. 리처드의 문제는 영적인 것이 원인이었을까? 일부 독자들은 이 의견이야말로 정답이라고 생각했을 것이다. 심리적 문제거나 대인관계 문제라고 생각한 독자들도 있으리라.

해결 지향적 접근법에서는 문제가 무엇에서 발달했는지에 집중하지 않는다. 오로지 현 상황에 도움이 되는 일에만 집중한다. 앞선 사례의 경우 약물이 도움이 될 수 있으나 실제로는 기도문이 더 큰 효과를 발휘한 것으로 나타났다. 그리고 리처드가 부인과 더 가깝게 지내며 양가 부모들과 거리를 두었던 일이 효과가 있었다. 또 거리로 달려 나가는 방법이 효과를 발휘했다. 성관계 때문에 뇌 화학물질이 변했기 때문일까? 머리를 식혔기 때문일까? 아니면 집에서 뛰쳐나왔기 때문일까? 무엇이 결정적이었는지는 모르겠다. 아무튼 리처드는 상태가 나아졌고, 디는 악령에게 괴롭힘을 당하지 않았다. 이 정도면 충분하지 않은가.

물론 교정해야 할 부분이 남았으므로 리처드는 계속 치료를 받아야 했다. 그렇지만 더 문제가 확대되는 일은 없을 것이다. 만약 전통적인 방법으로 치료를 해나갔다면 그는 어떻게 되었을까? 이 생각만 하면 오싹 전율이 인다. 어쩌면 악령이 찾아오는 횟수가 줄어들었다는 사실에 만족하며 장기적으로 정신 질환 치료를 받는 환자가 되었을지도 모른다. 부분적으로만 효과가 있는 약물을 복용하면서 말이다. 아마도 부인과는 이혼했으리라.

정신의학을 믿는 독자들이나 정신과의사들이 나를 비난하기 전에 말하고 싶은 것이 있다. 나 역시 어떤 사람들에게는 현대 정신의학 약물이 상당히 도움이 된다고 생각한다. 따라서 모든 사람이 해결 지향적 접근법으로 문제를 해결할 수 있다고 주장하지 않는다. 그러나 리처드에게는 해결 지향적 접근법이 효과가 있었다. 이 방법은 미래에 발생할 더 큰 문제와 슬픔에서 그를 구원해 주었다. 이처럼 심각한 사례에서 효과가 있었으므로 당신이 가진 문제도 해결할 수 있을지 모른다. 어찌 됐든 이 방법은 시도해 볼 가치가 있다.

우리는 이번 장에서 문제 패턴 깨기에 관해 이야기를 나누었다. 해결 열쇠 2가 말하는 바는 해결 열쇠 1에서 말한 패턴 깨기와 같다. 단 과거에 효과를 보았던 패턴으로 당신을 이끌어 준다는 점이 다르다. 아마 당신은 그 패턴의 효과를 미처 깨닫지 못했거나, 비정기적으로 그것을 행했을 것이다.

2부에서는 해결 지향적 접근법의 또 다른 핵심 기술을 알아볼 것이다. 바로 '문제를 바라보는 법'과 '생각법 바꾸기'다.

방법 4 요약: 문제가 더 악화되지 않은 이유를 찾아라

'문제가 더 악화되지 않은 이유는 무엇인가?'라고 질문한 후 문제가 더 심각해지는 것을 막아주고 있는, 미처 깨닫지 못했던 자신의 능력을 사용하라.

해결 열쇠 2 : 해결 패턴을 찾아서 활용하라

방법 1: 문제가 벌어질 것이라고 예상했지만 아무 일도 일어나지 않았던 때를 떠올려라

방법 2: 문제가 끝나거나 진정되기 시작했을 때 한 행동에 주목하라

방법 3: 만족한 다른 상황에서 해결 패턴을 가져와라

방법 4: 문제가 더 악화되지 않은 이유를 찾아라

2부

문제를 바라보는 관점 바꾸기

: 해결법이
단 한 가지라는 생각만큼
위험한 것은 없다

2부에서는 또 다른 해결 지향적 접근법을 알아보겠다.
상황을 더 낫게 바꾸기 위해
다른 일에 주의를 기울이고 생각법을 바꾸는 것이다.
2부에서는 다음의 다섯 과정을 거칠 예정이다.

1. 당신의 감정과 과거를 인정하되 그것이 행동을 결정하도록 내버려두지 말라.

2. 문제 상황에서 당신이 주의를 기울였던 부분을 바꿔라.

3. 현재와 과거 중 마음에 들지 않는 것에 신경을 쓰는 대신 당신이 원하는 미래에 초점을 맞춰라.

4. 자신과 상황에 도움이 되지 않는 신념들을 극복하라.

5. 영적 관점을 사용해 골칫거리들을 초월하고, 평소 능력을 뛰어넘는 기지를 발휘하라.

인정과 가능성

: 과거와 감정에서 벗어나기

무언가를 두려워하는 것과 두려움이 당신을 휘두르도록 내버려두는 것은 별개의 문제다.

―캐서린 패터슨Katherine Paterson

일상에 지쳐 있다 보면 우리는 어느새 사물들을 똑같은 방식으로 보기 시작한다. 문제를 바라보는 참신한 시각을 잃어버리는 것이다. 이럴 때 참신한 시각을 회복하는 한 가지 방법이 있다. 과거나 어떠한 감정 때문에 이렇게 행동할 수밖에 없다는 생각을 극복하는 것이다. 이 변화를 '문제 조망하기'라고 부르겠다. 이 장에서는 당신의 과거와 감정을 다스리는 쉬운 방법을 배우게 될 것이다.

정신과의사들은 종종 우리에게 "감정에 솔직하세요", "감정대로 행동하세요"라고 조언한다. 나도 일단은 당신의 감정을 인정하라고 말하겠다. 그다음에는 '이 감정대로 행동하거나 감정을 표현하는 일이 과연 올바른가'를 판단해야 한다. 감정대로 행동하는 일은 때로 옳지만 때로는 그렇지 못하다. 오히려 감정을 무시하거나 초월하는 편이 실질적으로 더 나을 때가 있다.

아주 오래전, 티베트에서는 100년마다 한 번씩 의식을 열었다. 불교 수련생들이 깨달음을 얻기 위해 거쳐야 하는 의식이었다. 모든 수련생이 하얀 가운을 입은 채 일렬로 선다. 티베트 성직자인 라마Lama들과 달라이 라마Dalai Lama가 수련생들 앞에 마주 선다. 그리고 이런 말로 의식을 시작한다.

"이 의식은 1,000가지 악마가 있는 방에서 치를 예정입니다. 이는 깨달음을 위한 의식이며 오직 100년에 한 번만 행할 수 있습니다. 따라서 여러분이 이 의식을 치르지 않겠다고 선택한다면 100년을 기다려야 합니다. 여러분의 결정을 돕기 위해 의식 과정을 알려 드리겠습니다.

여러분은 그저 문을 열고 1,000가지 악마가 들어차 있는 방 안에 들어가기만 하면 됩니다. 1,000가지 악마가 있는 방은 그다지 크지 않습니다. 일단 여러분이 방 안에 들어서면 등 뒤에서 문이 닫힐 겁니다. 안에서는 문을 열 수 없습니다. 밖에 나가기 위해서는 방을 완전히 가로질러 반대편에 있는 문을 찾아내야 합니다. 잠겨 있지 않은 그 문을 열고 나오는 겁니다. 그렇게 하면 여러분은 깨달음에 도달하게 됩니다.

그 방이 1,000가지 악마가 있는 방이라고 불리는 이유는 그 안에 실제로 1,000가지 악마가 있기 때문입니다. 그 악마들은 여러분이 느낄 수 있는 최악의 두려움을 끌어낼 수 있습니다. 여러분이 방 안에 발을 들여놓으면 악마들은 당신들이 두려워하는 것을 즉시 꺼내 보여줄 겁니다. 고소공포증이 있다면 걸음을 뗄 때마다 높은 빌딩의 얇은 난간에 서 있는 듯한 공포를 느낄 겁니다. 거미를 무서워한다면 무시무시한 여덟 개의 다리를 가진 가상의 거미들이 여러분을 둘러쌀 것입니다. 여러분이 무엇을 두려워하든 악마는 당신들의 마음을 읽고 그 이미지들을 보여줍니다. 그 이미지들은 너무나 실제 같아서 허상이라는 사실을 떠올리기가 어렵습니다.

우리는 방 안으로 들어가 여러분을 구해줄 수가 없습니다. 그것이 규칙입니다. 1,000가지 악마가 있는 방에 한번 들어가면 여러분은 모든 것을 전적으로 혼자 해결해야 합니다. 일부 학생들은 그곳에서 빠져나오지 못하기도 합니다. 공포 때문에 몸을 움직이지 못해서 죽을 때까지 방 안에 남는 거죠. 그런 위험들을 감수하기를 원한다면, 좋습니다. 하지만 그렇지 않다면, 집에 돌아가고 싶다면 그렇게 해도 괜찮습니다. 방 안에 굳이 들어갈 필요는 없습니다. 환생을 기다려 100년 후에 다시 시도해 보는 방법도 있으니까요.

그럼에도 불구하고 방에 들어가기를 원한다면 두 가지 힌트를 드리겠습니다. 첫 번째 힌트는 1,000가지 악마가 있는 방에 들어가자마자 그들이 보여주는 것들이 진짜가 아니라는 사실을 떠올리라는 겁니다. 모든 것은 당신의 마음이 만든 허상일 뿐입니다. 속지 마십시오. 물론 여러분보다 먼저 방에 들어갔던 이들 중 대다수는 이 사실을 기억해 내지 못했습니다. 공포의 순간에 이성적으로 사실을 되뇌는 일은 매우 어렵거든요. 두 번째 힌트는 이 의식을 통과하여 깨달음을 얻은 대다수가 실질적으로 도움을 받은 방법입니다. 일단 방에 들어서면 여러분의 눈앞에 무엇이 보이든, 어떤 기분이 들든, 어떤 소리가 들리든, 생각나는 것이 무엇이든 상관하지 말고 계속해서 발걸음을 떼는 것입니다. 발을 계속해서 움직이면 결국에는 반대편에 다다르고, 문을 찾아 나오게 됩니다.”

해결 열쇠 3 : 감정과 과거를 인정하되 현재, 미래의 행동을 결정짓게 두지 말라

이미 알아차렸겠지만 이 접근법은 과거에 큰 비중을 두지 않는다. 따라서 어린 시절의 트라우마를 해소하거나 당신이 어떤 가정에서 태어났는지를 시인할 필요가 없다. 해결 지향적 접근법은 오직 현재와 미래에만 집중한다. 바로 그 부분에서 변화가 일어나기 때문이다. 지금쯤 당신은 한 가지 사실을 더 알아차렸을 것이다. 해결 지향적 접근법은 감정에 귀를 기울이거나, 감정을 다스리고 표현하는 것과는 거리가 멀다. 그렇다. 이 접근법은 행동과 관점에만 초점을 맞춘다. 물론 당신의 과거와 감정에 집중하면서 문제를 해결했던 적도 있을 것이다. 하지만 이런 방법은 대개 당신을 끝없는 자아 분석으로 이끌 뿐이다.

해결 지향적 접근법이 현재와 미래의 행동, 관점을 바꾸는 일에 중점을 둔다고 해서 당신의 과거와 감정을 무시하라는 뜻은 아니다. 그저 과거와 감정을 바라볼 때 적절한 관점을 유지해 주기만 하면 된다.

인정하기 방법 1: 자신의 경험, 감정, 자아를 인정하라

해결 지향적 접근법은 삶의 여러 요소를 있는 그대로 인정한다. 이러한 인정은 엄청난 힘을 지닌다. 몇 년 전, 정신과전문의 칼 로저스Carl Rogers 박사는 이 강력한 원리에 기반해 일련의 치료법을 개발했다. 이 간단한 절차를 따르면 당신은 장기간의 치료에서 해방될 수 있다. 먼저 당신 안에서 일어나고 있는 일들과 당신이 누구인지에 관한 모든 사실을 인정하고 받아들여라. 인정한다는 것은 무언가를 있는 그대로 바라보고, 그 자리에 변함없이 존재하도록 허용한다는 뜻이다. 문제를 없애려고 하거나, 숨기고, 분석하고, 판단하는 대신 그대로 내버려두어라. 그것과 관련해 무언가를 해야 한다는 강박관념 대신 자연스럽게 그 일을 인식하도록 두어라. 그리고 그것에 관해 당신이 품고 있는 환상, 관념, 감정, 그 모든 것을 그대로 받아들여라. 이때 그것들을 좋아할 필요는 없다. 단지 당신에게 일어난 일을 있는 그대로 받아들이라는 것이다. 실제로 당신이 어떤 사람인가는 상관없다. 그 일이 일어난 방식에 당신을 두어라.

이 원리를 잘 형상화해 주는 정신 치료계의 명언이 있다.

"당신이 원하는 자리에 도달하려면 당신은 지금 있는 그 자리에 그대로 있어야만 한다.”

만약 당신이 지금의 자리를 거부하거나 자신의 정체성을 부인한다면 원하는 자리로 나아가기가 어려워진다.

가구로 가득한 방 안에 서 있다고 상상해 보자. 자신이 어디에 있는지 인식하지 못하거나 스스로 위치를 속이려 든다면 그 방에서 빠져나오려 할 때 많은 장애물에 부딪히게 될 것이다. 물론 자신이 어디쯤 있는지 알고 있다고 해도 장애물에 부딪힐 수 있다.

또 지금의 위치를 제대로 파악하지 못하면 감정이나 기억에 얽매이게 된다. 감정과 기억을 거부하지 못하거나, 버틸 수 없을 때까지 끌어안고 있으면 일시적으로 끝날 수 있었던 것이 지속된다.

한 남성이 엄청난 불안에 시달리다가 나를 찾아왔다. 문제가 무엇이냐고 묻자 남성은 진지하고 간곡하게 대답했다.

“저는 잠재적 게이입니다.”

나는 프로이트Freud식의 자아 분류를 좋아하지 않는다. 나는 그에게 진심으로 충고했다.

“당신은 많은 부분에서 잠재적인 사람입니다. 이를테면 잠재적으로 개일 수 있고, 미국의 잠재적 대통령일 수도 있습니다. 일단 무엇이 당신을 게이라고 생각하게 만들었습니까?”

그는 최근 부인과 성관계를 하는 동안 나체의 남성과 얽히는 성적 판타지를 떠올렸다고 대답했다. 남성은 자신이 게이일까 봐 두려워했다. 나는 남성에게 게이로 살고 싶은지 물었다. 그러자 그는 자신이 가졌던 성적 판타지대로 실행되지 않기를 바라기 때문에 도움을 구하는 거라고 단호하게 말했다. 남성은 그 판타지가 실현될지도 모른다는 깊은 두려움을 느끼고 있었다.

"당신이 자신을 게이라고 결론지었다면 그것을 받아들이도록 도와드리겠습니다. 하지만 자신이 게이라고 확실히 말하지 않았으니 저는 들은 것이 없고, 해드릴 일도 없습니다."

"그렇다면 그런 성적 판타지들은 도대체 무엇인가요?"

나는 성적 판타지와 행동 사이에는 차이가 있다고 설명해 주었다. 물론 그런 성적 판타지들은 깊은 내면에 있는 욕망을 드러내는 징표일 수 있다. 동시에 그가 가진 여러 성적 판타지 중 임의로 선택된 것일 수도 있다. 다만 이렇게 드문드문 나타나던 판타지는 없애려고 애를 쓸수록 더 강렬해지고 빈번하게 나타난다. 나는 이 점을 걱정했다. 다행히 남성은 내 말이 옳다고 인정했고 나는 하나의 실험을 제안했다. 나는 부인과 성관계를 할 때나 하루 중 어느 때라도 나체 남성과의 판타지를 떠올리려 애써보라고 했다. 남성은 일주일간 이 과제를 성실하게 실행하고 비로소 확신하게 되었다. 그 판타지는 머릿속에 떠올리려 애쓸수록 덜 떠올랐다.

이 이야기는 다른 남성의 경우와 대비를 이룬다. 그 남성의 부모는 아들이 자살을 심각하게 이야기하는 것을 듣고 아들을 떠밀어 치료실에 찾아왔다. 아들은 몇 번의 상담 후 매우 불안해하고 망설이다가 내게 한 가지 사실을 고백했다. 자신이 꽤 오랫동안 남성에게 매력을 느껴왔다는 것이다. 나는 보통 때와 같이 자신의 생각, 감정, 욕망을 받아들이고 인정하는 법에 관해 이야기했다. 그는 다음 상담 때 내가 말한 내용을 집에서 깊이 생각해 보았다고 말했다. 그리고 오랫동안 여성을 좋아하려고 애써봤지만 그럴 수 없었으며, 자신이 게이라는 사실을 확신한다고 털어놓았다. 그는 자신이 게이라는 사실을 인정하면 가족이 자신을 받아들여 주지 않을까 봐 두려워했다. 이러한 고민은 그를 자살 직전까지 내몰았다. 우리 두 사람은 자기를 인정하는 법을 배워나가기 시작했다. 그리고 가족과 주변 사람들을 어떻게 다뤄야 할지에 관해서도 이야기를 나누었다.

그는 자신을 잘 이해해 줄 몇몇 가족에게만 사실을 알리기로 했다. 다른 가족들이 사실을 알게 될 즈음이면 그는 자신의 성 정체성을 훨씬 관대하게 인정할 준비가 되었을 것이다. 그러면 그들의 반응에도 잘 대처할 수 있을 터였다. 그렇게 그의 자살 충동은 사라졌다.

두 일화 모두 간단한 인정이 해결책을 가져왔다. 인정의 힘은 신체에도 영향을 끼친다. 몇 년 전에 나는 다이어트 중 심한 감정 기복에 시달리는 사람들을 위한 강연을 열었다. 나는 현재의 몸을 받아들이는 법과 체중이 빠져 기분이 좋아지기만을 기다리지 않는 법을 이야기했다. 그때 한 참가자가 내 말이 무슨 뜻인지 알겠다며 나섰다. 여성은 최근에 앨범을 정리하다가 5년 전 사진을 발견했다. 여성은 지금보다 약 7킬로그램이 덜 나갔던 당시의 외모가 마음에 들었다. 여성은 당시의 몸무게로 돌아간다면 자기 몸을 긍정적으로 느끼게 될 거라고 생각했다. 하지만 이내 사진을 찍었던 때와 장소를 기억해 내고는 당시에도 자기 몸을 끔찍하게 생각했었다는 사실을 떠올렸다. 그 순간, 여성은 현재의 자신을 인정하는 일이 훨씬 중요하다는 사실을 깨달았다. 그러지 않으면 5년 후에도 지금처럼 자기 몸을 부정할 테니 말이다. 애초에 이 여성은 증가하는 체중 때문에 자신을 인정하지 않았다. 이것이 원인이 되어 여성은 우울증을 겪었으며, 과식하게 되는 악순환을 겪었다.

부디 이런 사례들을 보고 인정의 힘이 얼마나 큰지를 깨달았기를 바란다. 인정의 범위에는 감정, 생각, 인식, 당신이 현재 가지고 있는 몸까지 전부 포함된다.

> **방법 1 요약: 자신의 경험, 감정, 자아를 인정하라**
> 자신의 모든 것을 인정하라. 이는 자신의 몸·정체성뿐 아니라 지금 느끼는 감정·생각까지 전부 판단하지 않고 받아들이는 것을 의미한다.

인정하기 방법 2 : 타인의 감정과 관점을 인정하라

"당신이 내 말을 안 듣고 있잖아."

나는 커플 상담 치료를 할 때 이 불만을 가장 많이 듣는다. 이것은 인정의 힘이 가진 또 다른 면을 보여준다.

사람 간에 발생하는 대부분의 문제는 '누가 옳고 누가 틀렸나' 게임을 하기 때문에 발생한다. 커플들은 어떤 문제든 함께 해결해 나가려는 대신 누가 옳고 그른지를 따지는 데 시간과 에너지를 쏟는다. 이런 문제를 피하는 방법 중 한 가지는 개인적 진리와 일반적 사실을 구분하는 것이다. 개인적 진리란 당신의 내면에서 나오는 것으로, 당신이 경험한 것과 느끼는 것을 말한다. 이것은 지극히 개인적이다. 왜냐하면 당신이 말이나 행동 등 어떤 식으로든 설명해 주지 않는다면 누구도 이것을 알 수 없기 때문이다. 따라서 사람 간의 문제가 일어났을 경우, 다른 이가 가진 개인적 진리에 관해서는 논쟁을 피하는 것이 제일 좋다. 관점, 감정, 신념, 그 외 무엇이든 옳다 그르다 논쟁을 벌여서는 안 된다. 다른 사람의 개인적 진리를 인정하라. "당신을 탓하는 게 아니고, 왜 그런 식으로 생각하는 거야?" 이렇게 말하며 상대의 사고방식을 틀렸다고 주장하지 말라. 대신 "나는 외롭다고 말한 건데 당신을 비난한다고 생각하는구나" 정도의 말로 상대에게 동의하지는 않지만 어떤 입장인지 알고 있다는 사실을 전해주어라. 또는 "당신은 내가 전화해 주기를 원했는데 그러지 않아서 화가 났구나"라는 식으로 어떤 사건을 받아들이는 데에는 자신만의 방식이 있으며, 상대에게는 그것을 고수할 권리가 있다는 사실을 인정해 주어라.

반면 일반적 사실은 다른 문제다. 일반적 사실은 관찰에 기초한다. 즉 시각, 미각, 후각, 청각, 촉각을 사용해 관찰할 수 있는 사실을 말한다. 따라서 당신은 누가 옳고 그른지를 따져볼 수 있다. 인간관계에서 나타나는 문제 해결법은 9장에서 자세히 논의해 보겠다.

나는 다른 사람의 핵심 자아를 판단하고, 변화시키며, 분석하기보다는 그냥 인정해 주기를 추천한다. 한 커플의 상담 치료를 맡았을 때의 일이다. 치료 중 남편이 갑자기 동요했고, 부인과 나에게 말했다.

"당신들은 나를 바꾸려고만 하는군요. 하지만 나는 바뀌지 않을 거요!"

이 말을 불쾌하게 느낄 수도 있었지만 나는 어쩐지 그가 마음에 들었다. 그래서 이렇게 말했다.

"당신은 거부할 수 없는 매력을 가졌고, 저도 그 점을 바꾸고 싶지는 않습니다. 부인과 저는 두 분 모두를 위해 이 관계를 개선할 방법을 찾으려고 이야기를 나누었습니다. 그 일환으로 당신의 대화 방식과 행동을 약간 바꿀 방법을 논의한 거고요. 당신 자체를 바꾸려는 게 아닙니다. 우리는 그저 당신의 행동 중 몇 가지만 바꾸기를 원합니다."

남편은 내 설득에 안심했고 부인과의 대화에 다시 동참했다.

나는 내 부인에게 이렇게 말한다.

"만약 당신이 나를 세상에서 가장 시시하고 방어적인 태도를 지닌 사람으로 본다면 나는 그렇게 해줄 수 있어. 그저 나를 본질적으로 악한 사람이라고 생각한다는 사실만 알려주면 돼. 아니면 당신이 나를 그런 사람으로 바꾸려 한다는 사실을 알려주든가."

만약 내 부인이 행동이나 말하는 습관을 바꿔달라고 한다면 나는 기꺼이 그렇게 해줄 수 있다. 하지만 그렇다고 나의 본질, 즉 핵심 자아는 변하지 않는다.

수년 전, 몇몇 가족 상담 치료사들이 한 프로그램을 시청하고 있었다. 프로그램 내에서는 임신 중단 찬반 토론이 한창이었는데 양측 패널들이 상대편에게 소리를 질러대고 있었다. 상담 치료사들은 이 모습이 상담하는 가족들과 아주 유사하다는 사실을 깨달았다. 실제로 상담 치료를 받으러 온 가족은 양극화되어 있으며, 서로에게 소리만 질러댈 뿐 상대의 말을 거의 듣지 않는다. 따라서 이들을 치료하려면 우선 사람들을 같은 방에 앉히고, 서로를 존중하게 만드는 기술이 필요하다. 일단 그들을 안정시켜야 그들이 가진 문제를 해결하도록 도와줄 수 있으니 말이다.

그래서 치료사들은 임신 중단 찬반 토론을 열고, 서로에게 공손한 태도를 유지하게 하는 프로젝트에 돌입했다. 결과는 상당히 흥미로웠다. 상대편이 하는 말에 귀 기울이자 사실 양측에 많은 공통점이 있다는 사실을 알게 된 것이다. 예를 들어, 양측 모두 원치 않는 아이가 세상에 나오는 일을 막고 싶어 했다. 자유로운 분위기에서 상대를 탐색하고 대화하게 되자 그들은 또 다른 사실도 발견했다. 그들 대다수가 한 입장만을 고수할 수 없는, 조금 미묘한 의견을 가지고 있었던 것이다. 이를테면 임신 중단을 반대하는 사람들 중 일부는 인간에게 임신을 중단할 권리가 있고, 이를 옹호해야만 하는 상황이 있다는 사실을 인정했다. 그리고 임신 중단을 찬성하는 사람들 역시 임신 중단이 이루어져서는 안 되는 상황이 있다는 사실을 인정했다.

양측 사람들은 상대편의 의견이 완전히 나쁘지만은 않으며, 이 주제에 중립적인 영역이 존재한다는 사실을 알게 되었다. 그리지 이들은 더 나은 해결책을 찾기 위해 함께 고민하기 시작했다. 더 나은 산전 관리법이나 입양, 입양 자녀의 양육 같은 문제를 논의하게 된 것이다. 이 일화는 인정과 협동이 사회적 변화를 일으킨 좋은 예다. 물론 이 책은 사회적 범위보다는 개인적 범위에 더 많은 관심을 기울인다. 하지만 자신을 받아들이는 법을 배우고 다른 이들도 이해하게 된다면 단체와 국가, 지역, 각 문화권 내에서도 유사한 돌파구를 마련하는 데 도움이 될 것이다.

방법 2 요약: 타인의 감정과 관점을 인정하라

누군가의 감정이나 관점이 잘못되었다고 생각한다면 그 판단을 멈춰라. 그리고 당신이 그의 소리에 귀 기울이고 있으며, 그가 겪고 있는 내면의 일을 있는 그대로 받아들일 거라고 알려주어라.

인정하기 방법 3: 과거의 사실과 그 영향력을 인정하되 현재와 미래를 결정짓게 두지 말라

해결 지향적 접근법은 현재와 미래에 초점을 맞추지만 한 사람의 삶에서 과거의 중요성 역시 인지하고 있다. 배경은 현재의 당신을 형성하는 데 중요한 역할을 한다. 다만 분명히 해야 할 포인트가 있다. 과거가 당신에게 영향력을 행사할지언정 지금 당신이 하는 행동을 결정짓도록 내버려둘 필요는 없다.

내 지인인 스티브 울린Steve Wolin은 알코올의존증으로 고통받는 가족과 아이들을 전문으로 상담하는 정신과의사다. 어느 날 한 소년이 여자 친구의 부모의 손에 이끌려 병원을 찾아왔다. 소년은 매우 비정상적인 양육 환경에서 자랐다. 소년의 부모는 마약과 술에 취해 있어서 네 자녀를 전혀 돌보지 않았다. 아이들은 거의 먹지도 입지도 못했으며, 적절한 주거 환경 역시 제공받지 못했다. 아이들의 삶이 너무나 혼란스러웠을 거라는 사실은 눈에 보이듯 훤했다. 다행히 여자 친구의 부모가 상황을 알고 소년을 품어주기로 결정했다. 소년은 현재 여자 친구의 집에 머물고 있었다.

스티브는 훌륭한 부모를 둔 여자 친구를 사귀게 되었으니 행운이라고 말했다. 소년은 스티브의 말에 대수롭지 않다는 듯 대답했다. 현재 상황은 우연이 아니라고 말이다. 소년은 자신을 돌봐줄 만한 부모를 둔 여자 친구를 만나기 위해 여러 번 만남을 거듭했다고 말했다. 더구나 소년은 집에 남아 있는 남동생을 돌보기 위해 방과 후에 일을 하고 있었다. 스티브는 어린 소년이 이런 적응력을 가지고 있다는 사실에 놀랐다. 하지만 더 놀라운 일은 따로 있었다. 소년과 비슷한 배경을 가진 다른 아이들을 연구해 보니 그와 같은 적응력을 보이는 예시를 꽤 많이 찾아낸 것이다.

내가 말하고자 하는 요지는 이렇다. 당신의 과거는 미래를 결정지을 수 없다. 우리가 과거의 영향을 받지 않는다는 의미가 아니다. 우리는 당연히 과거의 영향력 아래에 있다. 다만 그 과거가 우리를 특정한 방향으로만 향하도록 결정짓지는 않는다는 말이다. 다시 한번 강조하지만 과거의 상처와 고난이 당신의 미래를 좌우하도록 내버려두지 말라. 그저 그것을 있는 그대로 받아들이는 일이 중요하다.

인정하기의 4단계

지금까지 인정하기가 어떻게 변화의 촉매제가 되어왔는지 그 실례를 살펴보았다. 이제 인정하는 과정을 차근차근 배워보자. 여기 인정하기의 4단계(혹은 방법)가 있다.

1단계: 받아들이기

1단계에서는 무언가를 있는 그대로 받아들이기만 하면 된다. 예를 들어 감정, 생각, 타인, 사회적 불평등을 그대로 인정하는 것이다. 이 방법은 상황에 따라 자신에게나 다른 이들에게 아무 의미도 없을지 모른다. 이 단계를 '받아들이기'라고 부르겠다.

한 남성에게 들은 이야기다. 그는 종종 자신을 문제 상황에 몰아

넣는 성격을 고치기 위해 '받아들이기'를 사용했다. 남성은 사업상의 약속에 늦어서 정신없이 고속도로를 달리던 중 곧 타이어에 바람이 빠질 것 같은 느낌이 들었다. 차를 세우고 밖에 나와 타이어를 보니 정말 바람이 빠지고 있었다. 남성은 '왜 하필 지금 이런 일이 일어난 거지? 안 그래도 늦었는데'라고 생각하면서 화를 냈지만 이내 사실을 있는 그대로 받아들여야 한다는 걸 기억해 냈다.

그는 '나는 약속에 늦었어. 그리고 타이어에 문제가 생겼어'라고 생각을 바꾸었다. 그리고 트렁크를 열어 예비 타이어와 교체 기구를 꺼냈는데 비가 내리기 시작했다. 그는 '나는 약속에 늦었고, 타이어에 문제가 생겼어. 그리고 지금 비가 내리고 있지'라고 생각했다. 그러자 웃음이 나기 시작했다. 화를 내는 일이 바람 빠진 타이어를 교체해 주거나, 약속에 덜 늦게 해주지 않는다는 사실을 깨달았기 때문이다. 그 상황에서는 그저 사실을 받아들이고 타이어를 교체하는 편이 낫다.

남성은 화가 나고 좌절하는 자신을 쉽게 받아들일 수 있었다. 이처럼 인정은 문제를 해결하는 하나의 단계가 될 수 있다.

2단계: 포괄하기

2단계는 어떤 문제가 있든 (아무것도 배제하지 않고) 그것을 위한 여지를 남겨두는 것, 즉 포괄하는 것이다. 백인우월주의 및 인종차별 단체인 KKK Ku Klux Klan는 우리 사회에 아프리카계 미국인이나 가톨릭교도가 있다는 사실을 인식하지만 그들을 위한 자리를 남겨두지 않는다. 다시 말해 KKK 단원들은 아프리카계 미국인과 가톨릭교도가 이 사회에 통합되기를 원하지 않는다. 기독교 근본주의자들은 다른 종교를 믿거나 종교가 아예 없는 사람들은 틀렸으며, 심지어 나쁘다고 여긴다. 또 미국시민자유연맹American Civil Liberties Union, ACLU은 국기 소각을 금지하는 일이 부당하며, 공립학교에서 기도 시간을 강제하는 이들이 잘못되었다고 믿는다. 즉 '나와 다른 사람은 잘못되었기 때문에 함께할 수 없다'라는 생각을 모두가 하고 있다.

조금 더 개인적인 측면도 들여다보자. 당신은 때때로 화가 나지만 분노가 당신의 인생에 끼어드는 것을 원하지 않는다. 그래서 분노가 일어날 여지를 아예 두지 않는다고 가정해 보자. 이 경우 당신은 인생에 도움이 될지 모르는 중요한 경험을 놓칠 수 있다. 그리고 화가 났을 때 통제 불능 수준으로 흥분할 수도 있다. 화를 어떻게 다스리는지 경험해 보지 못하면 일어날 수 있는 일이다.

이런 원천 봉쇄 문제에 대응하는 방법이 '포괄하기'다. 감정은 물론 당신 자신과 다른 사람도 포괄해 주어라. 당신의 마음속 모순들을 포괄하고, 지금까지 염두에 두지 않았던 삶의 모든 것을 포괄하라. 포괄한다는 것은 누군가에게 동의한다는 뜻이 아니다. 감정, 생각, 타인, 상황을 받아들이게 해주는 단계일 뿐이다.

3단계 : 가치화하기

다음은 단순히 무언가나 누군가의 존재를 허락하는 수준을 넘어 실제로 가치를 부여하는 단계다. 사업을 예로 들자면 고용과 승진에서 나타나는 사회적 불평등을 인정하고, 소수민족과 여성 인력의 채용 기회를 마련하는 것이다. 다양성 프로그램은 다른 인종과 성의 차이에서 발생하는 이득을 실제로 가치가 있다고 여긴다. 분노와 슬픔, 다른 부정적인 감정에 이르기까지 당신의 모든 감정이 가치가 있다고 여긴다면 세 번째 단계에 올라선 셈이다. 이 부정적인 감정 안에서 인생에 이익이 될 만한 점을 발견해 낼 수 있을 것이다.

4단계 : 포용하기

마지막 단계에서는 어떤 사건이나 인물을 당신의 삶에 받아들이거나 통합해야 한다. 헤르만 헤세는 말했다.

"고통을 사랑하라. 고통에 저항하지 말고, 고통으로부터 달아나지도 마라. 당신에게 정말 상처를 주는 것은 고통을 향한 당신의 저항이다."

'포용하기'는 삶 안에 어떤 감정, 경험, 관점이 들어오더라도 이를 기쁘게 맞이하는 일이다. 이는 받아들이기, 포괄하기, 가치화하기보다 어렵다. 당신이 몹시 두려워하거나 피해왔던 어떤 일을 기쁜 마음으로 맞이해야 하기 때문이다. 이 단계를 시도하고 한번 실패해 보라. 실패하지 않고는 새로운 무언가를 배울 수 없으며, 성공할 수도 없다. 좌절을 한번 맛보기를 바란다. 눈물 어린 좌절은 당신이 살아 있다는 사실을 새삼 느끼게 해줄 것이다.

인정하기의 4단계

1단계 : 받아들이기

나와 타인의 감정, 인식에 주목하라.

2단계 : 포괄하기

내 감정과 인식을 받아들이고, 타인에게도 여지를 허용하라.

3단계 : 가치화하기

내 감정과 인식은 물론 타인에게 있는 가치도 인정하라.

4단계 : 포용하기

내 감정과 인식은 물론 타인도 기쁜 마음으로 맞이하라.

인정과 의무

인정하기에 관해 한 가지 더 주목해 볼 점이 있다. 과거의 경험이 반드시 현재의 행동을 결정하지는 않는다는 점이다. 몇몇 사람들은 그들이 가지고 있는 감정이나 판타지가 자신들의 정체성을 결정하며, 우리를 행동하게 한다고 믿는다. 하지만 그들의 주장처럼 내 감정이 모든 것을 결정하도록 내버려두었다면 나는 이 책을 결코 완성할 수 없었을 것이다. 특정 경험이 내 인생을 지배하게 내버려두는 것은 '포괄하기'가 아니다. 배를 타고 대양을 건너는 중이라고 생각해 보자. 그리고 나의 감정과 경험 들을 그 배에 탄 선원들이라고 생각하자. 한 선원이 갑자기 마음을 바꿔서 집으로 돌아가고자 조타기를 잡는다면 어떻게 될까? 그때 다른 선원이 근처 섬에 살고 있는 친구를 만나겠다며 앞의 선원을 몰아내고 조타기를 잡는다면? 나는 실제로 이러한 항로를 따른 몇몇 사람들의 삶을 알고 있다. 이렇게 이리저리 방향을 휙휙 튼다면 목적지에는 절대 다다를 수 없다. 경험은 좋은 항해사지만 실력 없는 선장과도 같다. 감정은 좋은 조언자지만 선장으로서는 미숙하다. 그러니 경험과 감정을 인정하되 그것이 당신의 행동을 결정짓게 두지 말라. 이러한 것들에 얽매여 나아가고자 하는 길을 방해받아서는 안 된다.

내 친구 제리Jerry의 오랜 소원은 마라톤을 완주하는 것이었다. 오랫동안 달리기를 해왔지만 마라톤에 참가해 본 적이 없기 때문이었다. 그는 달리기에 관해 잘 알고 있어서 미리 훈련하지 않으면 심각한 부상을 당할 위험이 있다는 사실을 잘 인지하고 있었다. 특히 마라톤처럼 인내력 테스트에 가까운 운동을 해내려면 평소에도 긴 거리를 달려서 몸을 만들어 두어야 했다. 하지만 제리는 매번 훈련 일정을 소화하지 못했다. 그러다가 마침내 나에게 도움을 구하게 되었다.

나는 제리에게 왜 훈련 일정을 감당할 수 없게 되었는지를 물어
보았다. 제리는 훈련이 점점 길어지니 몸이 고단해졌고, 아침에 일
어날 때마다 자신과 싸워야 했노라고 대답했다. 알람이 울리면 제
리는 피곤함부터 느꼈다. 그러면 머릿속에서 또 다른 자신이 속삭
였다.

'30분 정도 더 자도 오늘 치 훈련은 거뜬히 해낼 수 있어.'

때로는 이렇게도 속삭였다.

'이건 바보 같은 짓이야. 넌 그저 제멋에 취해 마라톤에 참가하려
는 거잖아.'

'지금 더 자지 않으면 오늘 직장에서 제대로 일할 수 없을 거야.'

'오늘 아침은 유난히 추워. 오늘은 그냥 쉬고 내일 몇 킬로미터 더
뛰는 게 좋겠어.'

때로는 싸움에서 이겨 달리러 나갔지만 많은 경우 그대로 침대에
누워 있었다. 이렇게 제리가 털어놓은 사실 중 가장 흥미로운 부분
이 있었다. 제리는 달리기를 하기 위해 항상 제시간에 잠에서 깼다.
이 부분을 지적하자 제리는 이 사실을 의아하게 생각해 본 적이 없
다고 대답했다. 그저 일어나서 달리거나 아니면 다시 잤을 뿐, 그 시
간에 잠에서 깬 사실 자체에는 주목하지 않았던 것이다.

이는 내가 제리에게 새로운 계획을 세워주는 좋은 출발점이 되었
다. 우선 제리는 매월 1일, 이번 달 마라톤에 참가할지 아닐지를 정
하기로 했다. 마라톤에 참가하기로 결정했다면 그달에는 달려서는
안 될 정도의 부상을 입지 않는 한 반드시 뛰어야 한다. 또 아침마다

해왔던 달리기 '표결'을 해서도 안 된다. 이러한 결정은 매월 1일 저녁에만 내릴 수 있다. 이렇게 하면 제리는 마라톤을 완주하려는 목표와 이를 위한 희생이 여전히 가치 있는지를 이성적으로 따져볼 수 있게 된다. 그리고 아침마다 반복되던 내면의 소리와 타협하거나 싸우지 않아도 된다.

마침내 마라톤을 완주한 날, 제리는 결승 지점에 앉아 자신이 겪은 일을 들려주었다. 우리가 새로운 계획을 세운 다음 날 아침이었다. 알람이 울리자 그는 여느 때와 다름없이 더 자도 된다는 내면의 소리를 들었다. 제리는 다시 잠에 빠져들고 싶었지만 내면의 소리가 하는 말을 들으며 침대 밖으로 두 다리를 뻗었다. 그리고 러닝복으로 갈아입었다. 현관문에 이르자 내면의 소리는 다시 타협을 시도했다.

'돌아가서 15분 더 자면 내일은 15분 일찍 일어날 수 있을 거야. 그렇게 하면 나도 더는 불평하지 않을게.'

제리는 현관문을 열고 밖으로 나갔다. 운동장에 이르러 준비 운동을 한 후 달리기 시작하자 내면의 소리는 점차 사그라들었다. 제리는 아침마다 이를 반복했다. 이전에는 내면의 소리와 감정이 자신을 지배하도록 두었다. 하지만 그런 감정을 인정하자 그에 연연하지 않고 자신에게 옳은 일을 하게 되었다.

인정하기 연습

지금부터는 '인정하기'를 몇 가지 방법으로 연습해 보겠다. 이 책의 목적은 사람들에게 문제의 해결책을 찾게 하고, 다르게 행동해 보게 하는 것이다. 그러므로 우선 여기서 제안한 방법들을 시도해 보는 것이 중요하다. 물론 여기서 말해주는 연습을 하지 않아도 앞서 설명한 개념들을 당신만의 방법으로 삶에 통합할 수 있다. 그러니 이 모든 연습을 하지 못했다고 해서 죄책감을 느낄 필요는 없다.

인정하기 연습 1: 자신의 연약한 감정을 발견하고 그 감정들에 목소리를 더하라

자신이 가진 것 중 스스로 인정하지 않는 것을 떠올려 보라. 경험, 몸 혹은 성격일 수도 있다. 하나라도 발견했다면 이를 포용하고, 가치를 부여하며, 당신의 일부로 받아들이기 위해 자신이나 다른 이들의 인정이 필요한지 자문해 보라.

만약 아무것도 떠오르지 않는다면 몇 가지 예시를 따를 수도 있다. 우선 연약한 감정들을 들여다보라. 슬픔이나 두려움 같은 감정 말이다. 많은 사람이 이렇게 나약한 감정을 느끼는 것을 옳지 못하다고 배우며 자란다. 따라서 이러한 감정은 대개 인정받지 못한 채 마음속 깊이 숨어 있다. 또 몸을 한번 들여다보는 것도 좋겠다. 자신의 옷 사이즈나 체중을 지인들에게 당당히 말할 수 있는 사람이 얼마나 되겠는가? 신체의 모든 비밀을 밝히라는 말이 아니다. 당신의 몸을 부끄럽게 여기거나 외면하고 있지 않은지 생각해 보라는 것이다. 만약 그렇다면 이제는 당신의 몸을 인정해 주어라. 적어도 자신에게만은 당당해야 한다.

당신이 어떤 사람이며 어떤 위치에 있는지를 인정했다면 이번에는 행동으로 보여주어라. 예를 들어 당신이 두려움을 느껴도 이를 잘 표현하지 못하는 유형이라고 가정해 보자. 먼저 당신이 두려워하는 일에 시간을 할애하고 그 감정을 있는 그대로 느껴보라.

한 남성은 여자 친구와 말다툼을 하던 중 자신의 마음을 솔직하게 털어놓음으로써 이 방법을 실행했다. 여자 친구에게 "네가 날 떠날까 봐 두려워"라고 말한 것이다. 여자 친구는 이제껏 다투면서 분노의 말만 들어왔기 때문에 무척 놀랄 수밖에 없었다. 이전에는 남자 친구의 두려움을 눈치채지 못했을뿐더러 상상조차 할 수 없었다. 그날 이후 여자 친구는 다툴 때마다 다른 시각으로 그를 바라보았다. 말다툼이 격렬해지면 여자 친구는 팔을 뻗어 남자 친구를 다독였다. 그러면 남자 친구는 곧 흥분을 가라앉혔고, 그들은 원만한 합의점을 찾았다.

한 여성은 이 연습의 일환으로 곧장 밖에 나가 직장에서 입을 멋진 외출복을 세 벌 샀다고 말했다. 이 여성은 그동안 몸에 잘 맞지도 않는, 해진 정장 두 벌로만 생활했다. 원래의 몸무게로 돌아가기만을 기다리며 새 옷을 사지 않은 것이다. 여성은 강연을 들은 후 자신을 인정하고, 현재 몸에 딱 맞는 옷을 사 자신감을 되찾았다. 그 후에 몸무게도 조금 빠졌다. 이렇듯 인정하기는 강력한 효과를 발휘한다. 그러니 절대로 그 힘을 과소평가하지 말라.

인정하기 연습 2: 행동과 감정을 구분하면
충동과 중독에서 벗어날 수 있다

이 연습 방법을 소개하기에 앞서 짧은 이야기 하나를 들려주겠다. 한 주간 잡지의 독자 참여 사설을 읽은 적이 있다. 제목은 '여기 좀 봐 뚱뚱보'였다. 나는 작가가 이런 무례한 제목을 어떻게 정당화할지 궁금해서 사설을 읽어나갔다. 글을 쓴 남성은 과체중이었던 어린 시절, 온갖 다이어트를 시도한 경험을 털어놓았다. 각 방법들은 효과와 지속 기간이 모두 달랐지만 남성이 원래 체중으로 돌아왔다는 점만은 일치했다. 다이어트 전보다 체중이 더 늘어난 경우도 있었다. 음식을 먹지 않으면 불안에 휩싸였기 때문이다. 배가 고프지 않은 상태에서도 불안해서 억지로 음식을 먹었으니 자연히 다이어트에 실패할 수밖에 없었다.

그렇게 몇 번이고 실패한 결과 그는 자신만의 다이어트법을 찾아 시도하기로 결심한다. 그는 불안을 느끼면 가만히 앉아 아무 일도 하지 않기로 했다. 처음 이를 시도했을 때, 그는 불안의 공격을 받으며 네다섯 시간을 보내야 했다. 그럼에도 그는 자신이 무엇 때문에 불안해하는지 알 수 없었다. 그저 모호한 형태의 불안과 공포가 걷잡을 수 없이 쏟아질 뿐이었다.

그는 먹는 것을 거부했다. 그 순간 겪고 있는 불안을 떨쳐내기 위해 어떠한 일도 하지 않았다. 시간이 흘러 마침내 불안과 공포가 가라앉자, 그는 자신이 과식을 원하지 않는다는 사실을 깨달았다. 그 후로 남성은 불안할 때마다 먹는 행위로 도망치지 않고, 그저 가만히 앉아서 자신의 감정을 겪어냈다. 강박적으로 음식을 섭취하지 않으니 체중이 빠지기 시작했다. 비로소 요요 현상이 일어나지 않을 만큼 신진대사가 정상으로 돌아왔다.

"나는 신진대사가 원활하지 못해."

"유전자 탓이야. 몸이 원래 몸무게를 기억하고 있어서 체중을 많이 줄이는 것은 불가능해."

그는 과체중인 사람들이 흔히 하는 이런 말들이 자신을 합리화시킨다고 확신했다. 이는 한 사람의 경험을 모든 이에게 적용하여 내린 비약적인 결론이지만, 이번 연습에 좋은 기반이 되어준다.

그동안 충동적이거나 중독적으로 해온 좋지 않은 행동을 찾아보라. 폭식이나 마약 투약, 혹은 폭음일 수도 있다. 아니면 손톱을 물어뜯거나 얼굴을 꼬집는 행위일 수도 있다. 강박적으로 '해야 한다'라고 느끼지만 당신에게 이롭지 않은 행동이라면 그것이 충동과 중독이다. 그런 행동을 찾았다면 그 행동을 하고 싶어질 때마다 그저 가만히 관심을 기울이면서 그 경험을 느껴라. 그것만으로도 충분하다. 당신이 염려하는 것이 감정이든 생각이든 환상 혹은 갑작스러운 충동이든, 일부러 무언가를 하려 들지 말고 그대로 경험하면 된다.

문제와 변화 가능성 인정하기

해결 지향적 접근법에 관한 강연을 할 때면 휴식 시간에 사람들이 다가오곤 한다. 그들은 해결 지향적 접근법이 매우 긍정적이라 마음에 든다고 말한다. 이런 이야기를 들으면 나는 어깨를 살짝 으쓱해 보인다. 사람들이 어떤 의미로 그런 말을 하는지는 이해한다. 치료에 몇 년이 걸린다거나, 약물을 복용해야 한다고 말하는 전통적인 치료법은 부정적으로 느껴지며 때로는 좌절감을 주기도 한다.

여기서 한 가지 걱정이 생긴다. 내 강연을 들은 후 그들은 더 나은 삶을 살려면 '긍정적인 사고만 하면 된다'라고 착각할지도 모른다. 이럴 경우 우리에게 닥친 문제를 더 축소해서 생각하게 될 위험이 있다. 나에게 긍정적 사고란 마치 황금을 겹겹이 덮은 거름 더미를 보는 일과 같다. 한동안은 그럴듯하게 보일지 모른다. 하지만 한번 찔러보면 멋있는 겉모습 안에 여전히 존재하는 거름을 발견할 수 있다. 물론 '세상 모든 것이 거름일 뿐이며, 다 쓸모없는 일'이라고 치부해 버리는 부정적 사고는 더더욱 바람직하지 않다. 따라서 해결 지향적 접근법에서는 우선 '거름'이라고 할 수 있는 문제를 인정한 후, 이를 바꾸기 위해 행동하기를 권한다.

문제를 바꾸기 위한 행동에는 여러 선택지가 있다. 가령 거름을 퇴비로 사용하거나, 깨끗이 치워버리는 방법도 있을 것이다. 현 상황에 도움이 된다면 어떤 행동이든 무방하다. 다만 이것은 변화를 가로막는 문제와 장벽을 인정하고, 동시에 변화 가능성까지 인정한다는 점에서 무조건적인 긍정적 사고와 다르다. 문제와 변화 가능성을 모두 인정하지 않은 채 긍정적으로만 사고한다면 오히려 부정적인 생각에 빠져들 위험이 있다. 또 (비현실적이고 헛된) 계획이 어긋나도 깨닫지 못할 수 있다.

> **해결 열쇠 3 : 감정과 과거를 인정하되**
> **현재, 미래의 행동을 결정짓게 두지 말라**
>
> **방법 1 : 자신의 경험, 감정, 자아를 인정하라**
>
> **방법 2 : 타인의 감정과 관점을 인정하라**
>
> **방법 3 : 과거의 사실과 그 영향력을 인정하되 현재와 미래를 결정짓게 두지 말라**

5장

관심 대상 넓히기

: 주의 전환하기

타인에게 줄 수 있는 최고의 선물은 당신의 순수한 관심이다.

―리처드 모스, M.D. Richard Moss, M.D.

문제를 바라보는 시각을 바꾸는 가장 강력한 방법은 그동안 주목해 오던 대상에 살짝 변화를 주는 것이다. 내 스승인 정신과의사 밀턴 에릭슨은 최면을 사용해서 관심 대상을 바꾸는 것이 문제를 해결하는 데 효과적이라는 사실을 알아냈다. 만성 통증에 시달리는 사람이 있다면 통증이 없는 부위로 관심을 돌리게 유도한 것이다. 가령 관절염을 앓고 있던 어떤 이는 모든 관절이 아프고 쑤셨지만 왼쪽 엄지발가락만은 아프지 않았다. 에릭슨은 최면 암시를 이용해 환자의 관심을 왼쪽 엄지발가락에 돌렸고, 환자는 한결 편안해졌다. 이 장에서 우리는 최면을 사용하지는 않을 것이다. 대신 '주의 전환하기'를 각 상황이나 경험에 적용하는 법을 배우게 될 것이다.

어느 날 에릭슨의 아들 로버트Robert가 집 앞 길가에서 넘어졌다. 고통과 두려움에 휩싸인 아들의 울음소리를 듣고 에릭슨과 그의 부인이 달려 나갔다. 로버트는 입이 찢어져 피가 철철 흐르고 있었다. 에릭슨은 아들에게 이렇게 말했다.

"다쳤구나. 정말 심하게 다쳤어. 몹시 아프겠다. 그런데 아빠는 네 통증이 언제 멈출지 궁금하구나. 당장은 아프겠지. 그래, 아프기만 할 거야. 하지만 계속 그런 건 아니란다. 네 생각에는 언제쯤이면 안 아프게 될 것 같니?"

이 말은 로버트의 관심을 사로잡았다. 로버트는 자신이 다쳤다는 사실을 잊어버렸고, 언제 통증이 멈출지에 관심을 기울이게 되었다. 로버트는 이내 울음을 그쳤다. 그러는 사이 에릭슨 부부는 상처를 확인하기 위해 로버트를 화장실로 데려갔다. 그리고 상처를 물로 씻어냈다. 로버트의 입에서 피가 흘러나와 세면대 위로 뚝뚝 떨어졌다. 에릭슨은 이 장면을 보며 부인에게 말했다.

"피 색깔 좀 봐. 정말 건강한 붉은색이지? 이런 색이라면 상처는 아주 깨끗하게 나을 거야. 가까이 와서 피 색깔 좀 한번 보라고."

예상대로 로버트도 자신의 피를 내려다보았고, 고통과 두려움에 휩싸이는 대신 '건강한 붉은 피'에 관심을 쏟게 되었다.

아들의 관심을 다른 쪽으로 유도하며 입을 씻어내자 큰 상처가 드러났다. 에릭슨은 아들에게 봉합 수술을 받아야 한다고 말하면서 지난해에 로버트의 동생이 똑같은 수술을 받은 사실을 떠올리도록 유도했다.

"아빠는 네가 이 꿰매기 대결에서 이길 수 있을지 궁금하구나. 동생은 여섯 바늘을 꿰맸단다. 대결에서 이기려면 네가 일곱 바늘을 꿰매면 돼."

그들은 응급실에 갔다. 담당 의사는 어린아이가 소독과 봉합 수술을 받으면서 내내 얌전하게 앉아 있는 모습을 보고 놀랐다. 봉합 수술을 받는 동안 로버트가 한 말은 "저 몇 바늘이나 꿰맸어요?"뿐이었다.

"아홉 바늘이란다."

의사의 대답을 듣자 로버트는 한쪽 입꼬리를 들어 웃어 보였다. 이것이 바로 주의 전환하기의 힘이다.

해결 열쇠 4 : 주의를 전환하라

당신이 어떤 대상에 집중하기 시작하면 그것은 당신의 의식과 삶 속으로 뻗어나가 나중에는 그것밖에 볼 수 없을 정도로 커진다. 당신이 가진 문제 역시 한 대상에만 집중한 결과일 수 있다. 문제를 해결하고자 한다면 집중하고 있는 대상을 바꾸어 보라. 이를 위해 자신에게 던져보아야 할 질문들은 이렇다. 이 문제에서 내가 끊임없이 주의를 기울이고 있는 것은 무엇인가? 내가 집중하고 있는 대상 중에서 유익하지 않은 것은 무엇인가? 질문을 끝냈다면 새로 주목할 대상을 찾아라. 그리고 그것에 집중하라.

나는 문제 자체에만 집중하거나 문제 분석·해석에만 몰두하던 사람들의 의식을 바꾸고, 실제로 행동하게 하기 위해서 이 책을 썼다. 요즘 사회에서는 문제 자체에만 주목하고, 과거에서 원인을 찾는다. 그 결과 사람들은 문제가 벌어졌을 때 '이건 과거의 일 때문에 일어났고, 피할 수 없었어'라고 믿는다. 그러나 조금만 다르게 행동하거나 생각에 변화를 주면 실로 많은 것이 바뀐다. 문제 분석에서 해결책으로 관심을 돌린다면 변화는 훨씬 빨라질 것이다.

그렇다면 당신이 문제를 해결하려 할 때 주의 전환하기를 어떻게 적용할 수 있을까? 여기 몇 가지 방법이 있다.

주의 전환하기 방법 1 : 다른 감각을 사용하라

가장 쉬운 주의 전환법 중 하나는 보고, 듣고, 냄새 맡고, 맛보는 등의 감각을 이용하는 것이다. 보는 대신 듣고, 듣는 대신 만져보는 것으로 방식을 바꾸어 보라. 싸우는 중에 눈을 감고 상대가 하는 말을 진심으로 들어보라.

나에게 상담을 받았던 환자들 중 폭식과 구토를 반복하는 여성이 있었다. 우리는 여성이 충동적으로 음식을 섭취하는 원인 중 하나가 몇몇 사교 모임에 참석하기 때문이라는 사실을 알아냈다. 여성은 이러한 모임에 참석할 때면 음식이 차려진 곳을 알아내 거기에만 관심을 쏟았다. 물론 처음에는 기름진 음식을 먹지 않겠다고 다짐하지만 얼마 못 가 통제할 수 없을 정도로 음식을 먹고 있는 자신을 발견하곤 했다. 여성은 집에 오는 길에 죄책감을 느꼈고, 자포자기해서 더 많은 음식을 사서 먹어 치웠으며, 집에 도착해서는 억지로 구토를 했다. 엄청나게 살이 찔까 봐 두려웠기 때문이었다.

여성은 본래 다른 이들과 어울리기를 매우 좋아하는 사교적인 사람이었다. 그래서 나는 다음에 파티에 참석하면 그곳에 있는 사람들 중 세 명의 얼굴에 집중할 것을 제안했다. 여성은 가장 친근해 보이는 사람을 세 명 선택해 자신을 소개해야 했다. 그렇게 한 후에야 원하는 음식을 먹을 수 있었다. 당연한 일이겠지만 자신을 소개하고 나서는 음식이 놓인 테이블로 갈 수가 없었다. 그렇게 다른 감각을 이용한 결과 여성은 항상 유쾌한 사람들을 만났고, 음식 대신 대화를 즐기게 되었다.

> **방법 1 요약: 다른 감각을 사용하라**
> 정보를 모으는 방법으로는 보기, 듣기, 만지기, 맛보기, 냄새 맡기 등이 있다. 당신이 주로 쓰는 감각을 다른 감각으로 대체하라.

주의 전환하기 방법 2: 관심 대상을 확장하라

반복되는 기억 때문에 어떤 문제가 악화되고 있다면 그 기억을 지우기 위해 노력하는 대신 기억을 확장해 보라. 만약 당신이 사고를 당한 기억에 시달린다면 그 사고 전후에 당신이 주목했던 것을 기억해 내고, 사고가 일어난 장소도 살펴보라. 그리고 그중 전혀 중요하지 않은 것을 골라내라.

나는 비행공포증을 겪는 남성을 상담한 적이 있다. 남성은 한겨울 눈보라 속에서 무서운 비행을 경험했고 이후 비행공포증을 가지게 되었다. 당시 비행기는 난기류를 만나 눈 내리는 하늘 속에서 요동쳤다. 어찌나 심하게 요동쳤던지 그는 비행기가 곧 추락할 거라고 확신했다. 다행히 비행기는 추락하지 않았지만 그는 그날 이후 비행기에 타는 것을 두려워하게 되었다. 하지만 그는 직업상 종종 출장을 가야 했다. 그는 비행하기 몇 주 전부터 설사증에 시달렸다. 출장지에서도 줄곧 공황발작으로 고통받았다.

우리는 이 공포를 떨쳐내려면 어떤 방법을 써야 할지 함께 고민했다. 그러던 중 그는 비행을 생각할 때마다 되풀이해서 떠오르는 장면이 있다고 털어놓았다. 눈보라 속에서 자신은 비행기에 타고 있고, 그 옆에서 한 여성이 자신을 안심시키려고 애쓰고 있었다. 하지만 대화를 나눈 지 얼마 되지 않아 이 여성 역시 비행기가 추락할 것이라는 말에 설득되어 공포에 질린다. 그러자 옆에 앉아 있던 여성의 남편이 아내를 다독인다. 내 환자는 자신을 도와주려 했던 여성을 겁에 질리게 했다는 죄책감까지 가지게 되었다.

그는 당시의 공황 상태와 죄책감을 생생하게 떠올렸다. 그는 의자 손잡이를 꽉 잡은 채 '난 절대로 살아 돌아가지 못할 거야!'라고 생각했다. 그 후, 비행기에 타야 할 때면 머릿속에서 이 장면이 떠올랐다고 했다.

그런데 비행 사고에 관해 자세히 파고들수록 그는 자신이 이야기한 장면 외에 다른 부분들도 기억하고 있다는 사실을 깨닫게 되었다. 그는 무척 놀라 기억에 집중했다. 그는 통로 너머 좌석에 앉아 차분히 책을 읽고 있던 한 남성과 몇 줄 너머에서 그 끔찍한 비행 내내 잠을 자고 있던 남성을 떠올렸다. 그리고 비행기가 어떻게 착륙했고, 자신이 어떻게 자리에서 일어나 비행기에서 걸어 나왔는지를 들려주었다. 그는 살았다는 기쁨을 느끼며 비행기에서 걸어 나왔다. 이렇게 마지막 순간을 기억해 내자, 남성의 얼굴에서 의아한 빛이 떠올랐다.

"그러고 보니 저는 살아남아 비행기에서 걸어 나왔네요!"

그는 비행기 때문에 공황 상태에 빠지려고 할 때마다 비행기에서 안전하게 걸어 나왔던 순간을 떠올렸다. 이 방법은 그가 비교적 안정된 상태로 비행할 수 있을 정도로 두려움을 줄여주었다. 그리고 몇 번인가 안정적으로 비행하자 두려움은 거의 사라졌다.

이번에는 다이어트를 하려는 여성의 사례를 보자. 여성은 과식을 하는 한편 편식하는 경향이 있었다. 여성은 식료품점에 가서 새로운 음식이 얼마나 많은지 알아보라는 조언을 들었다. 여성은 식료품점에서 자신이 모르는 음식이 얼마나 많은지를 깨닫고 크게 놀랐다. 그간 여성은 식료품점에서 매번 같은 음식만 산 것이다. 여성은 아직 먹어보지 못한 음식들이 많다는 사실을 알게 되었고, 욕구를 풀기 위해 과식하는 대신 새로운 음식을 맛보기로 결심했다. 그 결과 체중을 줄이면서도 음식을 제한하지 않고 즐길 수 있게 되었다.

주의 전환하기 방법 3 : 과거에서 벗어나 현재에 집중하라

성관계 시 매번 고통받는 여성이 있었다. 여성은 어릴 적 아버지에게 성적으로 학대당했고, 남편과 성관계를 할 때마다 그 기억이 떠올랐다. 어린 시절의 그 장면은 부부의 성생활을 잠식해 나갔다. 결국 남편과 부인은 성관계를 불쾌해하게 되었다. 그런데 이 문제의 해결책은 예상외로 간단했다. 부부는 항상 불을 끈 채로 사랑을 나누었는데 어둠이 학대 경험을 연상시킨 것이다.

나는 부인에게 성적 학대 경험이 떠오르면 불을 켜라고 제안했다. 부인이 불을 켜고 남편의 얼굴을 만지면 남편이 대화를 시도한다. 이런 과정은 부인의 관심을 전환하도록 도와주었다. 즉 끔찍한 기억이 있는 과거에서 자신을 절대 학대하지 않는 남편에게로 관심을 돌린 것이다. 부인이 나쁜 기억에서 벗어나면 부부는 불이 켜져 있든 꺼져 있든 행위를 이어나간다. 혹 나쁜 기억이 다시 떠오르면 위의 과정을 반복한다.

이를 몇 번 반복하자 부인은 학대당한 기억을 덜 위협적으로 느꼈고, 자연히 성생활도 좋아졌다.

이미 끝난 일에서 벗어나 지금 벌어지고 있는 일에 집중하라.

주의 전환하기 방법 4
: 현재, 과거에 맞추어진 시선을 미래로 옮겨라

시선을 미래로 옮기는 방법에 관해서는 6장에서 전적으로 논의할 것이다. 여기에서는 한 가지 예시만을 간략히 보여주고자 한다.

한 여성이 전 남자 친구와의 관계에 사로잡혀 있었다. 여성은 상대의 폭력, 위험 수준에 다다른 약물 투여 습관 때문에 그와 헤어진 상태였다. 하지만 여성은 자신이 만난 사람들 중에서, 심지어 앞으로 만날 사람들까지 포함해서 전 남자 친구가 최고일 거라고 생각했다. 사실 여성이 이제껏 만났던 남성들은 대부분 폭력적이고 위험했다. 그래서 우리는 나쁜 남성만 만나는 패턴을 깬다는 전제 아래 여성이 어떤 만남을 원하는지 이야기를 나누었다. 여성은 이야기를 할수록 자신이 꿈꾸는 연인을 찾는 일에 흥미를 느꼈다. 여성은 마침내 이상적인 관계를 정의해 냈다.

우리는 여성이 그러한 관계를 맺기 위해 어떤 방법을 써야 하는지 논의했다. 첫 번째로 해야 할 일은 본인도 인정했듯 자신의 타입이 아니라는 이유로 전에는 눈길도 주지 않았던 남성들을 알아보는 것이었다. 여성은 첫눈에 끌리지 않았던 남성들과도 데이트를 해보기로 했으며, 교제도 해보겠노라고 다짐했다.

주의 전환하기 방법 5 : 내면에만 갇혀 있지 말고 외부 환경, 다른 사람들에게 시선을 옮겨라

당신을 두렵게 만드는 환경에 갇혀 있지 말고 주위에 있는 물건들을 만져보라. 그리고 촉감에 집중하라. 자주 불안을 느낀다면 노숙자 쉼터에서 몇 시간 동안 자원봉사를 하는 것도 좋다.

데이비드David라는 청년은 우울증에 걸려 집에서 홀로 시간을 보냈다. 내 스승 밀턴 에릭슨은 데이비드에게 도서관에 가보라고 제안했다. 도서관에 가서 우울하게 있더라도 일단은 그곳에 가는 것을 목적으로 삼으라고 말이다. 데이비드는 도서관 의자에 앉아 자신의 삶이 얼마나 우울한지를 곱씹는 대신 동굴 탐험에 관한 도서들을 읽어보기로 결심했다. 그는 전부터 동굴 탐험에 관심이 있었지만 시도해 볼 엄두가 나지 않아 꿈으로만 남겨두고 있었다. 그런데 데이비드가 동굴 탐험 섹션에 서 있을 때 한 젊은 남성이 다가왔다. 그는 데이비드에게 동굴 탐험에 흥미가 있는지 물었고, 두 사람은 동굴 탐험에 관한 대화를 이어나갔다. 그 대화는 실제 동굴 탐험으로 이어졌으며, 데이비드는 새로운 친구와 자주 어울리게 되어 우울증이 완화되었다.

주의 전환하기 방법 6: 외부 환경과
다른 사람들을 위한 삶이 아닌 자신의 내면세계에 집중하라

한 남성이 직장 생활과 가족 활동으로 너무나 지쳐 있었다. 그는 단지 의무를 이행하며 숨만 쉬고 있을 뿐 진정으로 삶을 살고 있다는 느낌이 들지 않았다.

남성은 특단의 조치를 취했다. 그는 조용히 명상하기 위해 주말을 비워두기로 했다. 그리고 명상을 하면서 결혼 생활 중 자신이 회피한 문제가 몇 가지 있다는 점을 깨달았다. 그는 그것들을 처리하기로 마음먹었다. 그리고 그 과정에서 살아 있음을 느꼈다. 그 후 그는 조금 덜 일하고, 더 많이 운동하기 시작했다.

방법 6 요약: 외부 환경과 다른 사람들을 위한 삶이 아닌

자신의 내면세계에 집중하라

다른 사람들이 하는 말과 행동, 당신을 둘러싼 세계에서 벌어지는 일들에 관심을 끊어라. 현재 감정에 주의를 돌려 내면세계의 소리를 들어라.

주의 전환하기 방법 7 : 효과를 봤던 방법에만 집중하라

이 방법은 이 책에서 내가 말하고자 하는 전반적인 주제이며 2장에서도 자세하게 다룬 내용이다. 하지만 2장에는 간략한 활용법만 나와 있으므로 여기서 다시 자세하게 다뤄보고자 한다.

당신이 연설을 하는 동안 찡그린 표정의 청중에게만 집중하게 된다고 가정해 보자. 그렇다면 이번에는 미소를 짓고 있거나, 당신의 이야기에 고개를 끄덕이는 사람을 찾아서 집중하라. 또한 당신은 자녀, 배우자, 직원들의 단점에 주목하는 대신 그들의 장점을 찾아내 관심을 줄 수도 있다.

한 성직자의 이야기를 들었다. 성직자는 신도들을 위해 더 많이 일해야 한다는 중압감에 시달리고 있었다. 그는 한 주에 40시간 이상 일에 매달렸는데도 이런저런 일들로 비난받았다. 예를 들어 그가 너무 진보적이라든가, 반대로 너무 보수적이라든가, 혹은 청년들을 위한 이벤트를 더 많이 기획해야 한다는 식이었다.

그는 '은총 노트'라고 이름 지은 노트를 읽기 시작했다. 그 노트에는 지난 몇 년간 신도들이 말해준 좋은 의견이 적혀 있었다. 감동적이었던 설교나 친절한 말들에 감사하는 내용도 있었고, 상담 덕에 결혼 생활을 구원받게 되었다는 문장도 있었다. 그는 골치 아픈 일이 생기거나 인정받지 못해 낙담했을 때, 집무실에서 〈은총 노트〉를 꺼내 읽었다. 그리고 활력을 얻어 업무에 복귀했다.

주의 전환하기 방법 8 : 생각과 감정에서 벗어나 행동하라

어떤 생각이나 감정에 갇혀 있다면 당신이 취할 수 있는 행동에 집중해 보라. 그 행동이 문제를 해결하는 데 도움이 될 수도 있다. 더 나아가 삶 전반에 유익한 영향을 끼칠 수도 있다.

자신의 직업에 만족하지 못하는 남성이 나와 상담을 했다. 그는 종종 불행하다고 느꼈지만 삶을 바꾸기 위해 무언가를 시도해 본 적이 없었다. 사실 그는 사업을 하고 싶어 했다. 사업을 생각할 때면 마음이 부풀었다. 하지만 이내 두려움에 사로잡히는 등 극단적인 감정을 오갔다. 즉 그는 사업을 시작하면 삶이 얼마나 멋지게 변할지를 상상하며 시간을 보내거나, 위험 부담이 너무 커서 절대 성공하지 못하리란 두려움에 빠졌던 것이다.

우리는 한 가지를 약속했다. 지금 하는 일 때문에 불행하다고 느낄 때마다 환상을 품거나 두려워하는 대신 구체적인 행동 계획을 세워보기로 한 것이다. 그리고 사업에 도움을 줄 수 있는 사람들에게 전화해 보는 등 꿈에 다가가면서 실패의 두려움을 덜어줄 구체적인 단계를 밟아나갔다.

주의 전환하기 방법 9 : 자신에게 해결 지향적인 질문을 던져라

사람들이 당신에게 잘못된 질문을 한다면, 어떤 답을 하든 아무 상관이 없다.

—토머스 핀천 Thomas Pynchon

'왜 나는 이런 문제를 가지게 되었지?'

'도대체 나에게 무슨 문제가 있는 거지?'

'이런 일을 당할 만큼 내가 뭘 잘못했지?'

'내가 이런 길을 걷게 된 원인이 뭐지? 어린 시절의 경험? 유전적인 한계인가? 아니면 생물학적인 어떤 요소 때문에?'

이런 식으로 자신에게 '문제적인' 질문을 하는 것을 멈춰라. 그 대신 다음과 같은 질문을 해보길 권한다.

'내 행동, 생각, 관심 대상 중 이 상황에 도움이 되지 않는 것이 있나? 그것은 무엇인가? 또 이 상황을 바꾸기 위해 내가 할 수 있는 행동, 생각 등은 무엇인가?'

보통 '왜'라는 질문은 당신을 잘못된 방향에 빠뜨린다. '왜'라는 질문은 그저 해석만을 추구하게 하거나, 같은 영역을 계속 맴돌게 할 뿐이다. 물론 그런 질문들도 때로는 도움이 된다. 즉 당신을 올바른 방향으로 인도하며 문제 상황을 정리해 주기도 한다. 다만 나는 '어떻게'와 '무엇'이라는 단어를 중심으로 질문해 보기를 추천한다. 예를 들면 '왜 이런 몹쓸 일들은 항상 나에게만 일어날까?', '왜 내 인간관계는 항상 엉망이지?' 같은 질문들 대신 조금 더 생산적인 질문을 던지는 것이다.

'이 상황을 바꾸기 위해 나는 뭘 할 수 있을까?'

'미래의 관계를 망치지 않으려면 어떻게 해야 할까?'

당신이 자신에게 '문제적인' 질문을 하는 사람이라면 다음의 대안 질문들을 해볼 수 있다.

1. 이 상황에서 나는 무엇을 보고 들을 수 있는가(즉, 사실은 무엇인가)? 나는 이런 사실들로부터 어떤 결론을 만들어 왔는가?

2. 내가 꼭 겪어내야만 하는 문제라면 이 문제에서 빨리 빠져나오기 위해 무엇을 해야 하는가?

3. 내가 원하는 방향으로 나아가고자 한다면 무엇을 해내야 하는가?

4. 내가 원하는 방식으로 문제를 고치기 위해 무엇을 기꺼이 포기할 수 있는가?

5. 지금 이 문제가 내 에너지를 전부 쏟아붓고 싶은 대상이 맞는가? 그렇지 않다면 에너지를 전부 쏟아붓고 싶은 대상은 무엇인가?

6. 문제와 관련해 내가 당장 할 수 있는 일이 있는가? 내가 취할 수 있는 첫 번째 행동은 무엇인가? 당장 할 수 있는 일이 없다면 어떻게 해야 마음의 평화를 얻을 수 있겠는가?

7. 이 상황에서 내가 선택한 시기는 언제고 장소는 어디인가?

8. 이와 비슷한 이전 상황에서 내가 취했던 최고의 방법은 무엇이었나?

크리스는 작업을 하던 중 컴퓨터가 멈추면 일단 소리를 지르고 물건을 내던졌다. 그는 오랫동안 이런 방식으로 행동했다.

컴퓨터가 고장 난 일은 분명 심각한 위기였다. 8개월 넘게 일한 데이터가 모조리 날아갔고, 백업해 둔 데이터도 없었다. 그 와중에 일이 밀려들어서 행정적인 업무를 할 시간도 없었고, 고객들은 자기 주문이 어디까지 진행되었는지 확인하기 위해 끊임없이 전화를 해댔다. 더구나 그날은 금요일이었고, 크리스는 주말에 가족의 결혼식이 있었으며, 부사장은 휴가를 떠난 상황이었다(부사장에게 주말 운영을 맡기는 대신 먼저 휴가를 준 상황이었다). 무엇보다도 최악인 것은 그 주에 직원 두 명이 예상보다 일찍 일을 그만두어서 후임을 뽑지 못한 상태였다.

'왜 이런 일들은 내게만 일어날까?'

크리스는 처음에 이렇게 생각했다. 하지만 이내 해결 지향적인 질문을 하기 시작했다.

'나는 당장 뭘 할 수 있을까?'

크리스는 부사장에게 전화를 했다. 부사장은 곧장 일터로 돌아와 작업 정상화를 돕겠다고 했다. 그리고 컴퓨터 수리공에게도 연락해서 가능하면 방문한 당일에 컴퓨터가 작동하게 해달라고 부탁했다. 부사장이 도착했을 때 크리스는 공황 상태에서 어느 정도 벗어나 있었다. 두 사람은 이야기를 나누기 위해 자리에 앉았다. 부사장은 차분하고 침착한 사람이었다. 부사장이 말했다.

"크리스, 이 위기 상황을 즐길 만한 기회로 바꾸려면 무엇을 해야 할까요?"

크리스는 적잖이 충격을 받았다. 본래 크리스는 즐거움을 추구하는 사람이었다. 그래서 회사를 만든 후 자신이나 직원들이 일하기에 즐거운 장소로 만들기 위해 최선을 다해왔다. 그러나 위기 속에서 즐거움을 추구하는 방법은 단 한 번도 생각해 본 적이 없었다. 그는 위기를 즐거움으로 승화시키기 위해 브레인스토밍을 시작했다.

먼저 크리스는 학교에서 잘못을 한 학생에게 씌우는 모자를 온종일 쓰고 있기로 결정했다. 그러면 데이터를 백업해 놓지 않은 그가 얼마나 어리석은지 직원들이 볼 수 있을 터였다. 회사 게시판에는 '매일매일 백업을 하고 복사본을 만들어서 집 안 금고에 보관하겠습니다'라고 50번을 썼다. 상황을 즐겁게 만들자마자 입사 지원자도 한 명 나타났다. 마침 이 상황에 딱 알맞은 인재였다. 지원자를 채용하자마자 컴퓨터 수리공도 도착했다. 그는 컴퓨터를 고친 것은 물론 데이터도 살려주었다. 크리스가 해결 지향적인 질문을 던지자마자 상황이 변했다. 만약 일이 해결되지 않았더라도 그는 약간의 즐거움을 얻었을 것이다. 마지막에 웃는 자가 진정 웃는 자인 것이다.

주의 전환하기 연습 : 문제적 질문이 아닌 해결 지향적 질문을 하라

전형적인 문제 상황을 떠올려 보라. 그리고 그 상황에 관해 자신이나 주변 사람들에게 던져왔던 질문을 적어보고 그것을 면밀하게 살펴보라. 그러한 질문들이 당신의 기분을 좋아지게 하는가, 더 나빠지게 하는가? 그러한 질문들이 당신을 원하는 방향으로 이끌어주는가, 아니면 현 상황이 왜 이렇게 되었는지에 관한 설명만 하게 하는가? 만약 질문들이 당신에게 유용하지 않다면 앞서 언급한 대안 질문들을 해보거나, 자신에게 더 도움이 되는 새로운 질문들을 찾아내라.

방법 1 : 다른 감각을 사용하라

시각, 청각, 촉각, 후각, 미각을 서로 바꾸어 사용하라. 문제 상황에서 당신이 가장 많이 사용하는 감각을 알아내고 다른 감각을 이용해 보라. 아니면 같은 감각을 사용하되 다른 대상에 집중해 보라.

방법 2 : 관심 대상을 확장하라

문제 상황에서 이전에는 주의를 기울이지 않았던 것에 집중해 보라.

방법 3 : 과거에서 벗어나 현재에 집중하라

과거를 떠올리는 대신 현재 벌어지고 있는 일에 집중하라.

방법 4 : 현재, 과거에 맞추어진 시선을 미래로 옮겨라

과거의 기억, 현재 벌어지는 일 대신 미래에 일어날 것 같은 일 등으로 주의를 전환하라.

방법 5 : 내면에만 갇혀 있지 말고 외부 환경, 다른 사람들에게 시선을 옮겨라

생각·감정·판타지·경험 대신 주변 사람들이나 당신을 둘러싸고 벌어지는 일들에 주목하라.

방법 6 : 외부 환경과 다른 사람들을 위한 삶이 아닌 자신의 내면세계에 집중하라

문제 상황에서 외부 세계나 주변인들에게만 주의를 기울여 왔다면 이제 그 관심을 거둬라. 그리고 당신의 내면세계로 관심을 옮겨라.

방법 7 : 효과를 봤던 방법에만 집중하라

지금 효과를 보고 있거나 과거 유사한 상황에서 효과를 보았던 방법에 주목하라.

방법 8 : 생각과 감정에서 벗어나 행동하라

내면세계에 주목하는 대신 현실로 걸어 나와 행동하라.

방법 9 : 자신에게 해결 지향적인 질문을 던져라

문제 상황에서 자신이나 다른 이들에게 매번 하는 질문이 무엇인지 살펴보고 조금 더 실용적인 질문으로 바꿔라. 다시 말해, 당신의 기분을 나아지게 하는 질문을 하라. 일반적으로 '무엇'과 '어떻게'라는 질문들이 '왜'라는 질문들보다 더 생산적이다.

꿈꾸지 않으면서
어떻게 꿈을 실현할 것인가
: 문제 해결을 위해 미래 이용하기

나의 관심사는 오직 미래다. 왜냐하면 내가 여생을 보낼 곳이 바로 미래이기 때문이다.

－찰스 F. 케터링 Charles F. Kettering

1990년, 정신과의사인 빅터 프랭클은 캘리포니아주California 애너하임Anaheim에서 열린 한 콘퍼런스에서 기조연설을 했다. 그는 나치 치하의 '죽음의 수용소'에 수감되었을 때 겪은 끔찍한 이야기를 7,000여 명의 청중에게 들려주었다. 몇 번이나 죽을 고비를 넘겼고 온갖 우여곡절을 겪었지만 그중에서도 그의 인생에 깊게 각인된 특별한 날의 이야기였다.

폴란드의 어느 추운 겨울날, 프랭클은 다른 수감자들과 함께 죽음의 수용소로 이송되고 있었다. 그는 얇은 옷만 걸치고 있었고, 양말은 신지도 못했으며, 신발은 이곳저곳 구멍이 난 상태였다. 극심한 굶주림과 학대 때문에 쇠약해져 심한 기침감기를 앓았는데 기침이 얼마나 심했던지 쓰러져 걸을 수조차 없는 상태에 이르렀다. 그가 쓰러지자 감시인이 다가와 걸으라고 매섭게 명령했다. 하지만 프랭클은 대답조차 제대로 할 수 없었다. 그러자 감시인은 당장 일어나 걷지 않는다면 죽게 내버려둘 것이라고 소리치며 프랭클을 몽둥이로 때리기 시작했다. 프랭클은 그동안 다른 수감자들이 당한 일들을 수없이 봐왔다. 그렇기에 감시인이 단순히 겁을 주고 있는 게 아니라는 사실을 알았다. 프랭클은 계속되는 구타에 신음하며 '이제는 내 차례구나'라고 생각했다.

프랭클은 모든 것을 포기하고 쓰러진 채 있었다. 그런데 갑자기 빈Wien의 어느 강연장에 서 있는 자신이 보이기 시작했다. 그는 '죽음의 수용소에서의 심리학'에 관한 강연을 하고 있었고 그 앞에는 200여 명의 청중이 넋을 잃고 그의 이야기를 듣고 있었다. 그는 죽음의 수용소에서 겪은 일들과 함께 사람들이 어떻게 정신적, 감정적으로 당시를 극복했는지 이야기했다. 그는 마음의 눈과 귀를 통해 그 강연이 얼마나 훌륭했는지를 확인했다.

그 순간 프랭클은 어느 벌판에서 쓰러져 죽어가는 인간이 아니었다. 프랭클은 훌륭한 강연을 하며 살아 있는 자신을 보았다. 그는 걸을 힘도 없고, 구타를 당했던 지난날에 관해 말하고 있었다. 그는 청중에게 자신이 다시 일어났고, 감시인은 구타를 멈추었으며, 처음에는 힘겨웠지만 점점 힘을 내 다시 걸었노라고 말했다. 그러자 현실의 자신도 몸을 일으키고 다시 걸을 수 있게 되었다. 프랭클은 죽음의 수용소로 이송되는 내내 그 강연을 상상하며 걸었다. 숙소에서 쓰러지듯 누울 때는 훌륭한 강연을 마치고 청중에게 기립박수를 받는 상상을 했다. 시간이 흘러 1990년이 되자 프랭클은 폴란드에서 수천 킬로미터 떨어진 캘리포니아주의 애너하임에 서게 되었다. 그는 7,000명의 청중으로부터 실제로 기립박수를 받았다.

프랭클은 문제를 해결하기 위해 보통 사람들과 달리 무엇을 했을까? 바로 미래의 모습을 생생하게 상상했다. 그 미래는 모든 문제가 해결된 시점이었으며, 프랭클은 그것에 그치지 않고 현시점으로 돌아와 상상 속 미래를 실현하기 위해 할 일을 결정했다.

이렇듯 미래 시점에서 현재의 문제를 생각해 보면 아주 큰 변화가 일어난다. 지금의 문제는 미래 시점에서 봤을 때 더는 문제가 아니다. 이때 중요한 점은 상상 속 미래를 이루기 위해 현시점으로 돌아와 행동해야 한다는 것이다. 과거를 부정하거나 무시하라는 말이 아니다. 이를 인정하고 받아들이는 것 또한 중요하다. 그러나 앞으로 성취하고자 하는 것들에 집중하는 일은 더 중요하다.

해결 열쇠 5 : 현재의 문제를 해결할 수 있는 미래를 상상하라

최근 어떤 이가 인터넷에 글을 썼다. 그는 앞으로 뉴미디어를 비롯한 모든 비즈니스는 구매자의 관심을 끄는 싸움을 해야 할 거라고 경고했다. 관심이야말로 미래에 가장 가치 있는 통화가 된다는 것이다. 광고 회사의 마케팅 담당자에게 한번 물어보라. 당신을 구매로 이끌기 위해 상품의 어떤 특징을 광고하는지 말이다. 일단 관심이 가야 구매를 하는 것처럼, 당신이 미래에 관심을 둔다면 그것을 향한 행동도 하게 된다. 즉 당신이 주목하는 대상이 당신의 행동에 영향을 준다.

문제를 해결하려고 할 때 어느 부분에 가장 관심을 두는가? 그 대답에 미래가 들어 있지 않다면 문제를 해결할 확률은 높지 않다.

미래 이용하기 방법 1: 가능성과 긍정적 기대를 이야기하라

문제가 아닌 가능성을 이야기하라

우리가 문제에서 빠져나오지 못하는 큰 이유 중 하나는 문제 중심적, 과거 지향적으로 문제를 이야기하기 때문이다. 이렇듯 낙담의 언어를 사용할수록 긍정적인 변화와는 멀어진다. 이는 언어가 문제 접근법을 바꾸는 훌륭한 도구라는 의미도 된다. 즉 우리가 가능성을 이야기하면 변하고자 하는 의식이 자연스럽게 생긴다.

문제를 과거 시점으로 올바르게 말하라

"나는 의기소침한 사람이야", "나는 평생 이 모양일 거야"라고 말하는 대신 "나는 의기소침했었다"라고 말해보자. 이는 현재와 미래에 새로운 가능성을 만들어 준다.

'절대', '모 아니면 도'라는 식의 단어나 구절을 사용하지 말라. '절대', '항상', '누구도', '모두', '아무것도' 등과 같이 부정적이고 비관적인 어휘들은 당신을 불가능 쪽으로 이끈다. 결국 희망적이고 창조적인 생각과는 멀어지게 된다. 따라서 절대적이거나 일반화하는 말보다 부분적이고 한시적인 말을 사용하라. 예를 들어 "우리는 전혀 잘 지내지 못한다"라고 하기보다 "우리는 보통 잘 지내지 못한다", "우리는 대부분 일시적으로 싸운다"라고 말하라.

자신이나 다른 누군가를 문제의 주체로 간주하는 말도 피하라. "나는 우울한 사람이야", "그 여성은 불만투성이야"처럼 문제와 사람을 동일시하는 것은 자칫 문제를 왜곡하고, 당사자의 장점과 특성을 보지 못하게 막을 수 있다. 그러므로 "나는 우울함 때문에 고통스러워", "그 여성은 불만을 품는 경향이 있어"라고 말하라. 또한 "나는 우물쭈물하는 사람이야"라고 하기보다는 "나는 보통 우물쭈물하곤 했어"라는 식으로 말하는 습관을 들이자.

긍정적 기대감을 이야기하라

당신의 관심을 미래로 옮기는 또 다른 방법이 있다. 바로 '긍정적 기대감'을 이야기하는 것이다. 우리의 언어는 종종 미래를 향한 우리의 기대감을 반영한다. 더 나은 미래가 오리라는 기대감을 계속 이야기하면 실제로 당신이 원하는 미래를 만들 수 있다. 만약 당신이 "더 나아질 리 없어", "다음엔 무엇이 잘못될까", "그는 절대 변하지 않을 거야"라는 식의 이야기를 한다면 이는 현재와 같은 미래나,

더 안 좋은 미래를 바란다는 뜻이 된다. 그 결과 더욱 안 좋은 미래에 도달할 확률이 높아진다.

이러한 악순환을 끝내려면 먼저 당신의 믿음을 바꿔야 한다. 그래야만 지금까지 해오던 것을 멈출 수 있기 때문이다. 가령 당신이 더 불행해질 것이라고 믿는다면 무의식중에 문제를 더 악화시키는 행동을 할 확률이 높아진다. 즉 자성예언Self-Fulfilling Prophecy(스스로 예언하고 그것을 현실로 만든다는 사회심리학 용어-옮긴이)을 만드는 것이다.

수년 전에 진행한 어떤 실험이 있다. 교사들에게 A 반에는 열등한 학생들이 배치되었고, B 반에는 우수한 학생들이 배치되었다고 말해주었다. 사실 두 반에는 일반 학생들이 골고루 섞여 있었다. 그런데 학년을 마쳐갈 즈음, 소위 '문제아반'의 학생들은 더 나쁜 성적을 받았고 문제를 일으키는 빈도도 늘어났다. 그에 반해 '영재반'의 학생들은 모든 면에서 더 나은 모습을 보였다. 두 반의 차이점은 오직 교사들의 기대감뿐이었다.

나는 수년 전, 멤피스Memphis의 한 공립학교에서도 이 이야기를 했다. 그때 나는 그 학군에서 전설처럼 떠도는 이야기를 들었다. 어느 해인가 손쓰기 힘든 학생들로 이루어진 반이 있었다. 이미 두 명의 교사가 이 반을 포기했다. 한 교사는 일찍이 교사 일을 관두었고, 다른 한 교사는 이 반을 가르치길 거부했다. 이 반은 너무 악명이 높아 어떤 교사도 맡기를 원하지 않았다.

학교 측은 그해에 교직에 지원했다가 떨어진 한 여성 교사를 불렀다. 학교 측은 교사에게 학년 말까지 이 반을 맡아주면 다음 해에 정규직으로 채용해 주겠다고 약속했다. 교사는 그 제안을 흔쾌히 받아들였다. 교장은 교사가 지레 겁을 먹을까 봐 이 반에 관해 아무 것도 말해주지 않았다.

새 교사가 부임한 지 한 달 정도 지난 후에, 교장은 문제의 반을 방문했다. 놀랍게도 학생들은 예의 바르게 굴면서 수업에도 열중하고 있었다.

시간이 더 흘러 종업식 날, 교장은 학생들이 교실에서 모두 빠져 나갈 때까지 기다렸다가 교사에게 정말 잘해주었다며 인사를 건넸다. 교사는 오히려 이런 특별하고 훌륭한 반을 맡겨주어 정말 감사하다고 말했다. 교장은 멋쩍고 의아해하며 자신에게 고마워할 것이 정말 없다고 했다.

교사는 웃음을 터뜨리며 말했다.

"사실은 여기에 처음 온 날 교장선생님의 작은 비밀을 하나 발견했답니다. 저는 책상 서랍 쪽을 보았고 거기에는 학생들의 IQ 점수가 적힌 서류가 있었어요. 그래서 알았어요. 제가 똑똑하지만 제멋대로인 학생들을 맡게 되었다는 사실을요. 그러니 먼저 학교에 흥미를 느끼게 해주어야겠다고 생각했어요. 왜냐하면 그 아이들은 똑똑하니까요."

교사는 서랍을 열어 교장에게 한 리스트를 보여주었다. 학생들의 이름 옆에는 숫자가 적혀 있었다. 136, 145, 127, 128…….

교장은 깜짝 놀라 탄성을 지르며 말했다.

"이건 애들의 IQ가 아니라 사물함 번호예요!"

교사는 학생들이 영재라고 기대하면서 반을 이끌기 시작했다. 그래서 아이들 또한 긍정적으로 반응하게 된 것이다.

당신 또한 긍정적인 기대를 이야기함으로써 인위적으로 기대감을 일으킬 수 있다. 그러므로 문제를 해결하고 여러 가능성을 만들어 내기 위해 긍정적인 기대를 이야기하라. 현실과 동떨어진 가정보다는 "지금까지는 내가 원하는 직장에 들어가지 못했어", "우리가 어떻게 하면 잘 지낼 수 있는지 아직까지는 모르겠어", "이 문제만 해결되면 앞으로 다른 사람들과 더 잘 지낼 수 있을 거야"처럼 아직 기회가 열려 있다는 사실을 보여주는 표현을 사용하자. 즉 '지금까지는', '아직까지는', '그때까지는', '앞으로' 같은 어구를 사용하자는 것이다.

방법 1 요약: 가능성과 긍정적 기대를 이야기하라

가능성과 긍정적 기대를 이야기하라. 이를 위해서는 '문제를 과거 시점으로 말하기', '절대적인 단어나 구절로 말하는 것 피하기', '누군가를 문제와 동일시하지 않기' 등을 이용할 수 있다. 또한 문제 해결 방안을 유도하고, 더 나은 미래가 올 것이라는 의식을 만들기 위해 기대감을 이용할 수도 있다.

미래 이용하기 방법 2
: 마음을 사로잡는 미래를 가정하며 생활하라

당신이 희망에 차 있다면 당신은 당연히 움직일 것이다. 기적이
란 것은 당신이 그다지 희망을 가지고 있지 않은 상황에서 자신
에게 행동을 강요할 때 일어난다. 아마도 그 행동에 자극받은
뇌가 당신의 인식을 희망으로 돌려놓는 것이 아닐까. 그 시스템
은 알 수 없지만 나는 그렇게 된다는 것만은 알고 있다.

—셔리 루이스Shari Lewis · 랍비 모리스 램Maurice Lamm,

《희망의 힘The Power of Hope》 중

가능성으로 가득한 미래를 만드는 또 다른 방법은 문제가 해결된
미래를 상상하는 것이다. 기적이 일어났다거나, 혹은 수정 구슬 안
을 보는 것처럼 말이다. 그 미래가 당신의 것이라고 확신하며 행동
하라. 당신은 무엇을 해야 하는가? 그 미래를 실현하기 위해 지금
해야 하는 일은 무엇인가?

밀워키의 한 치료사 그룹은 문제가 해소된 미래를 만드는 실험을
했다. 치료사들은 특정 문제 때문에 고통받는 이들에게 잠들 때마
다 그 문제들이 인생에서 사라지는 기적을 상상하라고 했다. 물론
그들은 곧 잠들었기 때문에 기적이 실제로 일어났는지는 전혀 알
수 없었다. 또 치료사들은 "다음 날 기적이 일어났다는 말을 들으면
가장 먼저 무엇을 할 거죠?"라고 물었다. 치료사들은 환자들의 대

답을 통해 사실은 그들이 문제에서 벗어날 수 있는 아주 좋은 방법을 가지고 있다는 점을 발견했다.

기적이 일어나기를 바라라는 게 아니다. 상상하고 행동할 때 불필요한 제약에서 벗어나라는 뜻이다. 이 방법을 사용하는 세 단계가 있다. 첫째, 문제에서 해방되었거나, 만족하고 의미 있는 인생을 살고 있는 미래의 모습을 명확히 하라. 둘째, 당신이 상상하는 미래를 만드는 데 장애가 되는 것들을 인지하고 해결하라. 셋째, 어떤 장애든 이를 극복할 행동 계획을 세우고 그 미래를 현실로 만들어라.

단계 1 : 미래에 관한 비전을 가져라

빅터 프랭클의 이야기에서 보았듯 비전을 가지는 것은 현재의 문제들을 해결하고 더 나은 미래를 만드는 데 매우 중요한 역할을 한다. 다음의 질문들은 명확한 비전과 인생 목표를 설계하는 데 도움이 될 것이다. 다음의 질문들에 대답해 보기 바란다.

- 당신의 인생의 목적은 무엇인가?
- 당신은 미래에 어떠한 것들을 이루고 싶은가?
- 당신은 인생에 관하여 어떤 꿈들을 꾸는가?
- 당신이 지구상에 존재하는 이유는 무엇인가?
- 당신이 생각하기에 인간은 지구상에서 어떤 의미를 가진 존재인가?
- 당신은 어떤 분야에 공헌할 수 있는가?

- 무엇이 당신의 마음을 식게 만드는가?
- 무엇이 당신의 심장을 뛰게 하는가?
- 당신은 문제가 해결되면 어떠한 일들을 할 것인가?
- 당신에게 더는 문제가 없다면 다른 사람들과 지내는 데 어떤 차이가 있겠는가?
- 당신에게서 문제가 사라졌다고 주변인들에게 밝히지 않았을 때, 그들은 그 사실을 어떻게 눈치챌 것 같은가?

나는 아들이 폭력 조직과 마약에 연루된 가족을 상담한 적이 있다. 소년은 열다섯 살이었고, 성적도 우수한 착한 학생이었다. 하지만 폭력 조직에 연루된 후부터 성적이 떨어지기 시작했다. 결국 마지막 학기에는 모든 수업에서 낙제했다. 소년은 나에게 학교가 싫다고 했다. 어떤 수업이 가장 싫고, 어떤 수업이 그나마 덜 싫은지 묻자 소년은 국어가 싫고, 미술이 가장 좋다고 했다. 나는 미술 중에서도 무엇이 좋으냐고 물었다.

"사실 저는 그 조직에서 그라피티를 담당하고 있고 그림도 잘 그려요. 저는 미술 수업의 그리기 과제에서 A를 받은 적도 있어요. 하지만 다른 부분들은 싫어요. 미술사, 조소 같은 것들이요. 그래서 결국 낙제점을 받고 있죠."

만약 학교에서 퇴학을 당하거나 하면 어떻게 생계를 유지할 것인지 물었지만 소년은 아무런 계획이 없었다. 나는 다시 물었다.

"그럼 미술을 하면서 먹고살 방법은 없나요?"

소년은 당연히 있다고 말했다.

"벽화를 그리는 일도 있지요."

"그 일은 어떻게 시작할 수 있죠?"

소년은 벽화를 그리는 단체가 작년에 이 마을을 방문했고, 그 멤버 중 한 사람이 현재 일이 많이 밀려 견습생을 받을 의향이 있노라 말했다고 했다. 그뿐 아니라 벽화를 시작하는 초기 비용도 지불해주겠노라 제안했다고 했다. 나는 어떻게 하면 그 단체의 견습생으로 들어갈 수 있을지 물었다.

"학교에 다니고 수업들을 이수해야 해요."

"그렇게 할 의향이 있나요?"

"네."

소년은 폭력 조직과 약물을 멀리하고 학교생활을 이어가기 위한 토론을 하기 시작했다. 부모는 의자에서 떨어질 정도로 감격했다. 그들 역시 같은 것을 가르치려 했지만 매번 다툼으로 번졌기 때문이다. 하지만 동기가 생긴 후로 소년은 스스로 문제를 해결하게 되었다.

단계 2 : 미래를 방해하는 장애물을 해결하라

미래의 비전을 발견했다면 그것을 달성하는 과정에서 실제로 나타날 장애물, 예상되는 장애물 들을 처리해야 한다. 사람들은 미래에 일어나길 바라는 일들, 혹은 인생에서 하고 싶은 일들이 무엇인지 알고 있으면서도 그것을 이루지 못한다. 바로 실패의 두려움 때문이다. 그런 이들은 대개 꿈을 실현하기 위한 능력이 부족하다고 생각하거나 다른 일을 선행해야 한다고 믿는다. 물론 꿈을 이루는 데에는 장애물이 존재하기도 한다.

수년 전, 나는 내가 선택한 분야에서 어떤 공헌을 해야 할지 비전을 쌓아가고 있었다. 당시 나는 치료 분야에서 더 효과적인 방법을 찾아내려 했고, 이러한 임무를 부여받았다고 느꼈다. 그래서 평소 조언을 구하던 연륜 있고 성공한 치료사에게 내 생각을 털어놓았다. 이 임무를 완수하려면 많은 책을 써야 하고, 그러려면 여러 사람을 접해야 하니 강연도 열어야 할 것 같다고 말이다. 그러자 그는 내가 석사라는 사실을 지적했다. 그는 박사들이 해당 분야에서 우위를 점하고 있으며, 내가 좀 더 높은 학위를 따지 않는 한 책을 절대 내지 못할 것이라고 했다.

나는 바로 대화를 중단하고 자리를 떴다. 당장 할 수 있는 일을 두고 고작 학위를 따기 위해 몇 년이나 허비할 필요는 없다고 생각했기 때문이다. 나는 끝까지 계획을 고수했고, 불과 2년 만에 첫 번째 출판 계약을 맺었다. 지금 당신이 손에 들고 있는 이 책은 나의 열일곱 번째 책이며, 나는 여전히 석사다. 따라서 나는 선배의 판단이 실수였다고 생각한다. 우리는 가끔 실제로 존재하지 않는 장애물을 감지하고 주춤하는데 실재하는 장애물만 해도 충분히 많다. 그런 와중에 당신의 두려움, 상상, 다른 사람들의 믿음까지 추가한다면 꿈을 실현하기는 더욱 어려워질 것이다.

다음의 질문들은 당신이 부딪힌 문제가 실존하는 장애물인지 상상 속의 장애물인지를 알아채고 극복하는 데 도움이 될 것이다.

- 무엇이 당신의 비전이나 목표 실현을 가로막고 있는가?
- 당신은 무엇이 두려운가?
- 비전이나 목표를 실현하기 위해 어떤 일들이 선행되어야 한다고 믿는가? 이는 반드시 해야 하는 일인가? 아니면 그저 당신이나 다른 사람의 생각일 뿐인가?
- 꿈이나 비전을 실현하기 위해 당신이 하지 않은 행위들은 무엇인가?
- 꿈이나 비전을 실현하기 위해 당신이 해결해야 할 진짜 장애물은 무엇인가?
- 꿈 실현과 관련해서 당신의 롤 모델, 멘토는 누구인가?
- 그들이 했던 일 중 당신이 하지 않은 일은 무엇이며, 그들과 다르게 느끼고 생각하는 것은 무엇인가?
- 그 인물들이 하지 않았지만 당신이 하는 것이 있는가?

단계 3 : 원하는 미래를 만들기 위한 행동 계획을 수립하라

미래를 예측하는 가장 좋은 방법은 그 미래를 만드는 것이다.

—피터 드러커 Peter Drucker

명료한 비전을 갖추면 목표를 이루는 데 도움이 된다. 하지만 명료한 비전 자체가 미래를 보장하지는 않는다. 추가로 행동 계획이 필요하다. 빅터 프랭클은 살아남기 위해 더 나은 미래를 상상만 하지 않았다. 그는 눈 내리는 벌판에서 다시 일어나 걸었다. 그리고 죽음의 수용소에서 나온 후 책을 집필하고 강연도 했다.

한 여성이 죽음을 앞두고 항암 치료를 받고 있었다. 여성은 너무 고통스러운 나머지 우울증에 빠져서 음식을 잘 먹지 못하고, 먹어도 토해버렸다. 이전에는 음식을 먹는 게 삶의 기쁨 중 하나였다. 나는 여성과 상담하면서 병이 나은 것처럼 행동할 것을 주문했고, 정말 병이 나을 경우 당장 무엇을 하고 싶으냐고 물었다. 여성은 요리책을 꺼내 그 책 안에 있는 환상적인 음식들을 만들어 먹고 싶다고 했다.

여성은 상담이 끝난 후 집에 가서 요리책을 꺼냈다. 그리고 훌륭한 음식들을 만들 계획을 짜기 시작했다. 그 결과 여성은 희망적인 태도를 갖게 되었고 이내 우울증도 완화되었다. 또 몇 달 만에 처음으로 암을 이겨내는 상상을 하게 되었다.

다음의 질문들은 당신이 원하는 미래를 만들기 위해 체계적으로 행동하도록 도와줄 것이다.

- 당신은 비전을 실현하기 위해 당장 무엇을 할 수 있는가?
- 이 책을 덮자마자 무엇을 할 것인가? 혹은 오늘 밤에 무엇을 할 것인가?
- 그 행동을 하는 중에 당신의 신체는 어떤 느낌을 받을 것 같은가?

- 그 행동을 할 때 어떤 것들이 도움이 되리라 생각하는가? 또 어떤 비유나 은유가 도움이 되리라고 생각하는가?
- 당신이 올바른 길에 접어들었다면 첫 번째로 무엇을 생각하고 어떤 행동을 할 것인가?
- 당신은 올바른 방향으로 가고 있다는 증거가 되는 일을 하고 있는가?

방법 2 요약: 마음을 사로잡는 미래를 가정하며 생활하라

단계 1 요약: 미래에 관한 비전을 가져라

만약 당신이 어디로 가고 있는지 알지 못한다면 다른 곳에 도달하게 될 것이다. 당신이 상상하는 미래가 (당장 직면한 문제를 제외하고) 현재와 별 차이가 없어도 괜찮다. 다른 곳에 도달하지 않으려면 정확한 비전을 가지는 것이 중요하다.

단계 2 요약: 미래를 방해하는 장애물을 해결하라

당신이 바라는 미래에 도달하는 데 방해가 될지도 모르는 상상과 실제 장애물을 모두 확실히 떨쳐버려라. 그 장애물들을 제거하기 위해 생각과 행동을 바꾸어라.

단계 3 요약: 원하는 미래를 만들기 위한 행동 계획을 수립하라

목표를 달성할 수 있을지 확신이 들지 않더라도 이미 달성한 것처럼 행동하라. 물론 원하는 미래를 마음속에 그리고 행동한다고 해서 항상 명확한 결과가 찾아오지는 않는다. 하지만 아무 행동도 하지 않는다면 더 안 좋은 미래가 찾아온다.

해결 열쇠 5 : 현재의 문제를 해결할 수 있는 미래를 상상하라

방법 1 : 가능성과 긍정적 기대를 이야기하라

당신이 바라는 미래가 실현 불가능다는 식의 부정적, 낙담적 말을 하지 말라. 마치 그 미래가 실현 가능한 것처럼 말하라.

방법 2 : 마음을 사로잡는 미래를 가정하며 생활하라

문제들이 모두 해결되었거나 꿈과 목표가 실현된 미래를 마음속에 그리고, 그 미래가 실현 가능한 것처럼 행동하라. 그 미래에 도달하는 데 방해가 되는 실제 장애물이나 상상 속 장애물에 도전하라.

7장

인생 이야기 다시 쓰기

: 문제적 신념을
해결 지향적 생각으로 바꾸기

최근 몇 년 동안 사회과학자들은 정계, 종교계, 군대의 인물들이 오랫동안 알고 있던 사안을 연구했다. 바로 담화, 신화, 우화와 같은 이야기들이 인간관계에서 강력한 가치를 형성하고 있었다는 것이다. (……) 나는 여기에서 더 나아가 보겠다. 리더의 무기고에서 가장 위력적인 단 하나의 무기는 바로 '정체성 이야기'다. 이는 하나의 담화로 개인에게 자신은 누구이며, 어디에서 왔는지, 어디로 나아가는지를 생각하게 만든다.

－하워드 가드너Howard Gardner,

《통찰과 포용Leading Minds : An Anatomy of Leadership》 중

나는 어린 시절 굉장히 수줍은 소년이었다. 이러한 성격은 내가 겪었던 절망들의 원인이 되었다. 우선 친구를 쉽게 사귀지 못했고, 마음에 드는 여성 친구들과 데이트할 수도 없었으며, 발표도 또렷

하게 할 수 없었다. 그 결과 나는 늘 외롭게 지내야 했다. 그러던 어느 날, 한 책을 읽고 내 생각은 완전히 바뀌었다. 그 책은 내가 수줍음이 많은 사람이 아니라는 사실을 알려주었다. 나는 그저 '수줍어하는 것'을 배웠을 뿐이었다.

이 개념은 나에게 상당히 매력적으로 다가왔다. 이 말이 사실이라면 나는 얼마든지 바뀔 수 있었다. 내가 그동안 수줍어하는 행동을 학습한 것뿐이라면, 이제는 수줍어하지 않는 행동도 학습할 수 있지 않겠는가.

나는 자신은 물론 주변 사람들의 편견을 깨기 위해 전혀 다르게 행동해 보았다. 그리고 깨달았다. 그때까지 나는 수줍음을 탄다는 이야기를 들었고 가족들도 그렇게 평가했지만 그것은 하나의 이야기일 뿐이었다. 심지어 지어낸 이야기였다. 이제 나는 한 달에 한 번 수백 명, 때로는 수천 명 앞에서 강연을 한다. 이는 나에 관해 지어낸 이야기에 수년 동안 도전한 결과다. 내 성격에 도대체 무슨 일이 일어난 걸까? 물론 나는 여전히 부끄러움을 타지만 동시에 부끄러워하지 않는 능력도 지니고 있다.

당신 역시 주변 사람들의 영향으로 자신에 관한 거짓된 이야기들을 만들어 왔다. 물론 '나는 체계적인 사람이야'라든가 '나는 아이들을 돌보는 일을 타고났어'와 같은 이야기들은 괜찮다. 이런 이야기는 삶에서 긍정적인 결과를 만들어 내기 때문이다. 하지만 몇몇 이야기들은 그다지 이상적이지 않으며 문제를 해결하는 데 도움이 되지 않는다. 또한 삶을 더 행복하게 만들어 주지도 않는다. 그렇다면 이렇게 유용하지 않은 신념(인생, 자기 자신, 문제 등에 관한)을 극복하는 것이 당신의 시야도 넓혀주지 않겠는가. 나는 이 방법을 '해결 지향적 인생 이야기 만들기'라고 부르겠다.

아이들이 하는 게임이 있다. 이 게임은 유용하지 않은 이야기들이 인생을 어떻게 방해하는지 보여준다. 우선 방에 의자들을 흩뜨려 놓아둔다. 게임에 참가하는 아이는 안대를 한 채 어떤 의자도 건드리지 않고 그 방을 통과해야 한다. 아이는 게임을 시작하기 전 의자가 놓인 위치를 파악한다. 아이에게 안대를 씌우면 다른 아이가 의자들을 조용히, 방 한쪽으로 치워버린다. 그리고 눈을 가린 친구가 존재하지 않는 장애물들을 피하려고 애쓰는 모습을 지켜보며 즐거워한다.

우리는 게임 속 의자와 같은 이야기와 신념을 만들어 낸다. 가령 불가능하다고 생각해서 임금 인상을 요구하지 않는다. 학위를 딸 수 있을 만큼 똑똑하지 않다며 미리 겁을 먹는다. 거절당할 것이 두려워 마음에 드는 사람에게 데이트를 신청하지 않는다. 그림이나 시, 글, 음악을 만들어도 유통할 사람에게 보내지 않는다. 또는 대중 연설을 두려워해 그것이 전염병이라도 되는 것처럼 피한다. 상황은 다양하지만 원인은 하나다. 우리가 문제 지향적인 이야기를 가지고 있기 때문이다.

문제가 되는 이야기를 파악하라

당신에 관한 어떤 이야기나 생각이 당신의 발목을 붙잡고, 똑같은 일을 반복하게 만드는가? 여기 변화를 방해하는 네 유형의 이야기가 있다. 바로 '비난 이야기', '불가능 이야기', '무가치 이야기', '무책임 이야기'다.

유형 1: 비난 이야기

이 유형은 문제가 일어났을 때 누군가의 잘못이라고 단정 짓거나, 그 사람이 나쁜 의도를 가지고 있다고 생각하는 것이다. 우리는 자신이나 다른 이들에게 비난 이야기를 쉽게 적용하고 이를 믿는다. 예를 들어 당신은 내가 이기적으로 굴고 있거나, 당신을 통제하려 든다고 결론 내릴 수 있다. 하지만 이렇게 생각하는 것은 대부분 문제를 해결하는 데 하등 도움이 되지 않는다. 오히려 다른 이에게 도움을 받지 못하게 할 뿐이다. 자신이 게으르거나, 아프거나, 정신이 이상하다고 믿는 경우도 있다. 물론 이런 이야기도 자신을 변하게 하지 않는다.

이렇듯 비난 이야기는 자신을 비롯한 누구에게도 유용하지 않다. 그렇다고 문제가 생겼을 때 자신이나 다른 이들에게 책임을 묻지 말라는 뜻은 아니다. 이는 당연히 간략하게나마 따져봐야 한다. 다만 책임을 묻는 것과 비난은 다르다. 비난은 누가 잘못했고, 나쁜 의도를 가지고 있는지에만 집착하게 해 당신을 과거에 묶어둔다. 누가 당신의 일을 망쳤는지, 무엇이 지금의 문제를 유발했는지에만 집중하게 만드는 것이다.

웬디 카미너Wendy Kaminer는《나에게 문제가 있고, 당신에게 문제가 있다I'm Dysfunctional You're Dysfunctional》에서 트라우마를 극복한 사람들이 털어놓은 놀라운 이야기들을 들려준다. 카미너는 다양한 자조 집단에 관한 책을 저술하면서 수많은 모임에 참석했다. 예를 들면 알코올의존증 환자들, 청소년기에 학대받은 경험이 있는 성인들의 모임이었다. 멤버들은 대부분 자기를 비하하거나, 다른 이를 탓하거나, 트라우마를 안긴 성장기 경험을 되짚어 보는 데 시간을 할애했다.

연구 중반에 이르러 카미너는 캄보디아 여성들의 한 모임을 방문했다. 그들은 대부분 킬링필드Killing Fields(1970년대 후반 캄보디아에서 크메르루주Khmer Rouge라는 단체가 저지른 학살 사건-옮긴이)의 생존자였으며, 이루 말할 수 없는 공포를 경험하고 낯선 나라인 미국으로 도망쳐 온 터였다. 카미너는 이 모임에서 그때까지 조사해 온 자조 집단과의 차이를 발견하고 깊은 인상을 받았다. 캄보디아 여성들은 과거에 관해서는 거의 말하지 않았으며, 남을 탓하지도 않았다. 그들은 영어 회화나 지역 버스 시스템 알기 등 일상에 도움이 되는 일을 서로가 익히도록 도왔고, 이 활동에 대부분의 시간을 할애했다.

유형 2: 불가능 이야기

이 이야기 유형을 집약해서 보여주는 속담이 하나 있다.

"불가능하다고 생각한다면 당신이 맞다. 가능하다고 생각한다면 그 역시 당신이 맞다."

인류 역사에서 대다수의 진보는 불가능을 받아들이지 않는 사람들 덕에 이루어졌다. 로켓 연구가 베른헤르 폰 브라운Wernher von Braun은 "나는 '불가능'이란 단어를 신중하게 사용하도록 배웠다"라고 말했다. 굳이 자신을 제한하는 이야기를 만들지 않아도 세상에는 불가능한 일들이 많기 때문이다.

1960년대, 개를 몇 마리 데리고 일련의 실험을 했다. 개들은 바닥이 철망으로 만들어진 우리에 들어갔는데, 우리의 한가운데에는 개의 몸집만 한 구멍이 뚫린 장벽이 있었다. 실험이 시작되면 한쪽 칸에 약간의 전기 충격을 가한다. 당연하게도 개들은 빠르게 움직여 옆 칸으로 이동한다.

이번에는 양쪽 칸에 전기 충격을 가한다. 개들은 전기 충격을 피할 요량으로 이쪽 칸에서 저쪽 칸으로 움직인다. 하지만 어느 칸에 가도 전기 충격을 피할 수 없다는 사실이 분명해지자 개들은 노력을 멈추고 자리에 누워버렸다. 개들은 자리에서 일어나지 않았고, 전기 충격으로부터 벗어나려고 애쓰지도 않았다.

이번에는 한쪽 칸에 가하던 전기 충격을 멈춘다. 그리고 개들이 전기 충격에서 벗어날 수 있다는 사실을 언제쯤 발견할지 살펴본다. 대부분의 개들은 현재 자리에서 벗어나려 하지 않는다. 전기 충격에서 벗어나는 일이 불가능하다는 사실을 학습했기 때문이다. 왜 번거롭게 애쓰겠는가? 이것이 바로 불가능 이야기다.

만약 당신이 주의 깊은 사람이라면 내가 '대부분의 개들'이라고 쓴 부분을 눈여겨봤을 것이다. 소수의 개는 전기 충격에서 벗어났다. 이들은 탈출이 불가능해 보이는 상황에서도 계속 노력하다가 마침내 성공했다. 실험자는 사람을 대상으로도 같은 실험을 해보았다. 물론 사람을 우리에 가두고 전기 충격을 가하지는 않았다. 그저 사람들의 태도, 사건을 해석하는 방식을 확인했을 뿐이다. 이러한 조사 결과 어떤 사람들이 불가능 사고방식을 지니고 있는지를 알아낼 수 있었다. 그들은 마치 우리 속에서 좌절한 개들처럼 사고하고 있었다. 즉 자신에겐 상황을 바꿀 힘이 없으며 문제 상황이 오랫동안, 광범위하게 지속될 거라고 믿었다. 이런 관점은 곧 자성예언으로 바뀐다. 즉 불행한 상황을 바꾸기 위해 어떠한 행동도 취하지 않아 더 많은 문제가 생겨난다.

한 50대 여성이 결혼 생활 중 조언을 구하기 위해 찾아왔다. 여성은 남편이 다정하지 않아 결혼 생활이 만족스럽지 않다고 불평했다. 나는 남편이 애정을 보여주기 위해서 무엇을 해주면 좋겠느냐고 물었다.

"글쎄요. 제 남편은 아이오와Iowa에서 농장 일을 하는 가족들 사이에서 자랐어요. 남자아이만 다섯 명이었죠."

나는 여성이 왜 이런 대답을 하는지 어리둥절했다. 여성은 남편이 손을 잡거나 안아주는 방식으로 애정을 표현해 주기를 바라지만 그런 가정환경 탓에 불가능할 거라고 설명했다. 나는 이 이야기를 듣기 전까지 앞선 대답의 의미를 이해할 수 없었다.

여성이 이렇게 대답한 원인은 한 책이었다. 그 책에는 '신체적인 애정 표현이 없는 가정에서 자란 남자아이들은 성인이 되어서도 애정을 표현할 수 없다'라고 적혀 있었다. 따라서 여성은 자신의 남편도 애정을 표현할 수 없을 거라고 처음부터 단정 지었다. 이것이 바로 불가능 이야기의 관점이다. 이러한 관점에서 보면 여성이 결혼생활에서 바라는 것을 성취할 방법은 없어 보인다. 그래서 여성은 다른 분위기의 가정에서 자란 남편감을 찾아보기 위해 이혼까지 고려 중이었다.

나는 현재의 남편도 그런 종류의 애정 표현을 할 수 있을지 모른다고 설명했다. 나는 남편이 손을 잡거나 어깨를 감싸준 적이 있는지 물어보았다. 실제로 그런 경험은 있었다. 불꽃 튀는 사랑을 나누던 시절에는 남편이 종종 여성의 어깨를 감싸고, 손을 꼭 붙잡고 있었다. 여성은 이 사실을 떠올렸다. 나는 남편이 당신을 감싸안을 때 사용하던 근육이 이미 굳어버렸다고 생각하는지 물어보았다. 여성은 웃더니 이렇게 말했다.

"아닐 거예요, 아마."

나는 나 역시 그렇게 생각한다고 말하며, 남편이 조금 더 애정을 표현하도록 바꿀 수 있을 거라고 단언했다.

무언가가 변할 수 없다고 단정 지으면 문제 상황을 바꾸려는 노력조차 하지 않게 된다. 그럴 필요성을 못 느끼기 때문이다.

유형 3 : 무가치 이야기

우리는 때로 자신이나 다른 누군가의 감정, 사상, 자아가 잘못됐다고 판단한다. 우리의 말이나 행동으로 상처 입은 사람들이 있다면 그들이 지나치게 예민한 탓이라고 생각한다. 다른 사람들이 무언가에 관심을 쏟는 것을 보고 어리석다거나 그릇되었다고 결론 내리는 경우도 있다.

나는 지속되는 문제를 가진 부부를 치료한 적이 있다. 남편은 그의 전용기로 비행하는 일을 몹시 사랑했다. 하지만 부인은 비행이 어리석고 위험한 취미이며, 돈 낭비일 뿐이라고 생각했다. 그래서 날씨가 좋은 주말이면 그들은 말다툼을 반복했다. 정말이지 믿을 수 없을 정도였다.

다툼의 순서는 이렇다. 먼저 일요일 오후 즈음이면 남편은 안락의자에서 일어나 스트레칭을 한 후 드라이브를 하러 나가겠다고 말한다. 그리고 나서는 비행장으로 슬쩍 가버린다. 부인은 의심스러워하며 비행장으로 나가본다. 그리고 남편이 자신을 속였으며, 바보 같은 취미 생활에 또 돈을 낭비했다고 생각해 머리끝까지 화가 난다. 그렇게 남편을 기다리다가 비행을 끝낸 남편과 마주친다. 부인은 남편의 취미가 쓸데없고, 멍청한 짓이며, 잘못된 일이라고 생각한다. 다툴 때도 이 주장만을 반복한다. 그러다 보니 서로에게 상처가 되는 패턴을 반복할 수밖에 없었다.

남편은 부인을 속였다는 점에서 확실히 잘못했다. 하지만 인간의 욕구와 주요 관심사라는 관점에서 봤을 때는 옳고 그름을 판단할 수 없다. 사람에게는 각자 다른 삶의 방식이 있다. 문제는 한 사람이 다른 사람의 삶의 방식이 틀렸다고 주장할 때 발생한다.

정신분석학 초창기의 분석가들은 오르가슴을 느끼기 위해 클리토리스 자극을 필요로 하는 여성들이 '미성숙한 오르가슴'을 경험한다고 확신했다. 그들은 남성의 성기가 삽입되어야 진짜 '성숙한 오르가슴'을 느낄 수 있다고 주장했다. 이러한 주장은 여성들의 욕망과 욕구를 잘못된 것처럼 느끼게 했다. 많은 여성이 '성숙한 오르가슴'을 느끼려 노력하며 '올바른 욕망'을 가지려 애썼다. 후대에 이르러 매스터스Masters와 존슨Johnson 박사는 '여성이 오르가슴을 느끼기 위해서는 클리토리스 자극이 필요하다'라는 연구 결과를 발표했다. 이 발표 전까지, 엄청난 수의 여성이 자신들의 성생활이 틀렸다는 이야기를 믿었다.

유형 4: 무책임 이야기

오늘날 우리는 자신이 벌인 일에 책임이 없다고 아주 쉽게 믿어버린다. 미디어가 갖가지 변명거리를 주었기 때문인데 그 예로 유전학을 들 수 있다. 유전학은 우리가 이렇게 행동할 수밖에 없다고 주장한다. 사람들은 자신이 알코올의존증 환자의 자녀였다는 식으로 고통스럽고 어려웠던 어린 시절을 탓한다. 또 누군가가 나를 이런 식으로 행동하게 만들었다며 책임을 돌릴 수도 있다. 이렇게 우리는 자신에게 선택권이 없었고, 따라서 책임도 없다는 생각에 빠진다.

그러나 이것은 하나의 이야기일 뿐이다. 사람은 누구나 선택권을 가진다. 그리고 이러한 권리는 행동할 때 정해진다. 우리의 느낌, 생각, 생물학적인 한계는 아무런 상관이 없다. 예를 들어 누군가를 때리거나 죽이고 싶을 수 있지만 그 느낌대로 행동해서는 안 된다. 어쩌면 당신에게는 술을 과하게 마시려고 하는 유전적 성향이 있을지도 모른다. 그러나 당신의 유전자는 실제로 잔을 들어 당신에게 술을 마시게 하지 않는다. 쇼핑중독증이 홈쇼핑 채널에 직접 전화해서 수천 달러의 상품을 구매하지도 않는다. 모든 일은 당신의 행동때문에 빚어진다.

별거 중인 부부의 상담 치료를 맡은 적이 있다. 남편은 술과 외도에 빠져 부인의 믿음을 끊임없이 저버렸고, 그 결과 부부는 빚에 허덕이고 있었다. 그들이 별거에 들어갔을 때 부인은 기본 신용도를 회복했다. 하지만 남편은 술에 잔뜩 취해서 부인의 신용카드를 훔쳤고, 최대한도까지 써버리고 말았다. 부인은 나를 찾아와 남편에게 이혼 결심을 알릴 때 자신의 편이 되어달라고 부탁했다.

남편은 부인이 어떤 요구를 할지 알고 있었다. 남편은 나와 만나기 전부터 이미 술에 취해 있었다. 부인이 말하자 남편은 울기 시작했다. 그는 자신이 알코올의존증 환자라 행동을 제어할 능력이 없다고 항변했다. 나는 알코올의존증환자갱생회에서 정의하는 '무력감'이란 그런 것이 아니라고 말했다. 유전적으로 술을 좋아하는 경향이 있고 술을 자제할 힘이 없다면 술을 마셔서는 안 된다. 그리고 술을 마시고 한 행동의 책임을 피해서도 안 된다.

문제 이야기의 네 가지 유형

유형 1: 비난 이야기

이 유형의 이야기는 타인이나 자신을 탓한다. 다시 말해 "이기적이다"라거나 "정상이 아니다", "지나치게 예민하다" 등 좋지 않은 습성에 초점을 맞춘다. 그리고 "당신은 나를 통제하려고만 하지"라며 나쁜 의도에만 집중하거나, "나는 관심받기를 원해. 그것이 내가 문제를 일으키는 이유야"라고 말하며 자신을 정당화한다. 이런 이야기들은 변화를 끌어내지 못할 뿐 아니라 변화를 적극적으로 방해하기까지 한다.

유형 2: 불가능 이야기

이 유형의 이야기는 주어진 상황을 바꿀 수 없다고 여기게 한다.

유형 3: 무가치 이야기

이 유형의 이야기는 누군가의 기분, 욕망, 생각, 인격이 다소 잘못되었다거나 용납될 수 없다고 전파한다.

유형 4: 무책임 이야기

이 유형의 이야기는 자신의 행동을 책임지지 않아도 되는 이유를 제공한다. 즉 유전적인 결함이 있다거나 자신의 통제 밖에 있는 사람(혹은 요인)이 있어 이러한 행동을 할 수밖에 없었다는 결론에 이르게 한다.

해결 열쇠 6
: 문제 이야기를 해결 이야기로 바꿔라

다행히 우리는 문제 이야기에만 머물러 있지 않다. 또 얼마든지 문제 이야기를 바꿀 수 있다. 나는 사람들이 자신의 문제 이야기를 극복하고, 해결 지향적이며 유용한 이야기를 만들어 내게 할 효과적인 방법을 몇 가지 발견했다.

이야기 바꾸기 방법 1
: 현재의 감정과 상태를 인정하고 사실만 서술하라

각종 이야기를 바꿀 수 있는 방법이 있다. 바로 구체적으로 서술하는 것이다. 이론, 예측, 해석에서 최대한 멀리 떨어져 나와 자신의 생각을 서술한다. 예를 들어 "나는 지금 너무 우울해. 내 우울증은 절대 나아지지 않을 거야"라는 표현 대신 자신의 상태를 있는 그대로 받아들여 보라. "나는 지금 피곤하고 기력도 없어. 이런 상태가 더 나아지지 않을 것 같아"라는 식으로 말이다. 이렇듯 경험을 관찰하고 인정하는 말하기는 틀에 박힌 해석 방식과 문제 이야기의 출구가 되기도 한다.

앞선 실험 속 개들이 '지금으로서는 전기 충격에서 벗어날 방법이 없어'라고 인정했다면 어땠을까. 언젠가는 선기 충격이 및을 거라는 사실을 깨닫고 그곳에서 탈출했을지도 모른다. 사실 개들이 한 경험은 '지금' 전기 충격에서 벗어날 수 없다는 것이었다. 이를 제대로 직시하지 못해 '이 고통에서 절대로 해방될 수 없다'라는 문제 이야기에 사로잡힌 것이다.

마찬가지로 전 세계 여성들이 직접 경험한 느낌에만 충실했다면 어땠을까? 자신이 클리토리스 자극을 원하고, 즐기고 있으며, 그것이 오르가슴을 느끼게 해준다는 사실을 받아들였다면? 그랬다면 자신이 잘못된 욕망과 오르가슴을 꿈꾸고 있다는 수치심도 느끼지 않았을 것이다.

방법 1 요약: 현재의 감정과 상태를 인정하고 사실만 서술하라
상황을 오직 사실대로만 말하라. 상황을 판단하려 들지 말라.

연습 1: 문제 상황을 인정하고 사실대로 말하라

1. 당신에게 곤란한 상황이나 그러한 상황을 만든 사람에게 집중하라. 그리고 그것을 노트에 적어보라.
2. 그러한 상황을 노트에 적으면서 그에 관해 당신이 느끼는 점을 그대로 인정하라.
3. 실제로 벌어졌던 사실만 기술하라. 마치 비디오를 보는 것처럼 생생하게 묘사한다면 더 좋다. 만약 문제 상황이 한 사람과 연관된 것이라면 그 사람이 한 행동을 전부 기술하라. 단 그 사람이 왜 그렇게 행동했는지는 중요하지 않다.

어떠한 설명이나 해석도 덧붙이지 말라.

이야기 바꾸기 방법 2
: 문제 이야기의 반증들을 찾고, 없다면 만들어 내라

문제 이야기는 그 패턴에 들어맞지 않는 증거들을 찾으면 약해진다. 직접적으로 그 이야기에 도전하는 방식을 쓸 수도 있다. 앞서 언급했던 내 경우를 보면, 나는 '수줍음을 타는 소년'이라는 이야기에 걸맞지 않게 행동했다. 그 결과 나는 점점 그 이야기를 믿지 않는 자신을 발견했다.

한 부인이 부부 상담 치료를 받기 위해 남편과 상담소를 방문하기로 했다. 하지만 그 부인은 약속한 날짜보다 몇 주 앞서 혼자만 상담사를 찾아왔다. 부인은 자신이 이혼을 원하지만 남편의 불안을 조금이라도 누그러뜨릴 요량으로 상담 치료에 응했다고 말했다. 부인은 자신의 결혼 생활이 끝났다고 생각했다. 부인의 말에 따르면 남편이 '소심한 겁쟁이'이기 때문이었다. 부인은 거친 표현을 써가며 남편에 관해 설명했다. 남편은 배짱이 없어 둘이 다툴 때면 맞대응하기는커녕 자신과 같은 방에 있는 것조차 피한다고 했다.

남편은 부인이 떠날까 봐 두려운 나머지 부인을 달래기 위해 무슨 일이든 했다. 부인이 직장에 있는 동안 청소 등 집안일을 했고, 아이들에게도 방을 치우게 시켰다. 심지어 남편은 자신만의 특별 비법으로 디저트를 만들어 놓고, 싸울 때 그것을 깜짝 선물로 주려

했다. 어쩌면 이 책을 읽는 일부 여성들은 이 남성의 전화번호를 궁금해할지도 모르겠다. 아무튼 이 부인은 자신에게 당당히 맞설 수 있는, 자기주장이 강한 남성을 원했다. 부인은 남편이 결코 그런 남성이 될 수 없다고 확신했다. 그래서 부인은 자신이 이혼을 계획하고 있다는 사실을 미리 알리기 위해 예정보다 일찍 상담사를 찾아왔다.

부인은 집으로 돌아가 남편에게 이혼 의사를 밝혔다. 예상대로 남편은 부인에게 다시 생각해 보라고 간청했다. 그리고 상담사에게 전화를 걸어 부인의 마음을 돌리려면 어떻게 해야 하는지를 물었다. 상담사가 말했다.

"부인은 당신을 겁쟁이로 낙인찍었습니다."

"저도 알고 있습니다."

남편이 기어드는 목소리로 대답했다.

"제가 말씀드릴 수 있는 방법은 단 하나입니다. 지금 이 순간부터 두 분이 함께 상담을 받으러 올 때까지 당신이 가지고 있는 이미지를 확 날려버리게 행동하세요."

남편은 그대로 한번 따라보겠다고 약속했다.

몇 주가 흘렀고 부부는 상담을 받으러 왔다. 부부는 그동안 어떤 일이 있었는지를 들려주었다. 사소한 일로 싸움이 벌어지려던 어느 날 저녁이었다. 여느 때처럼 남편은 싸움을 피하고 부인을 달래려 했다. 하지만 부인은 응하지 않았다. 마침내 남편은 부인에게 잠시만 눈을 감고 있어달라고 부탁했다. 당신이 깜짝 놀랄 일이 있다면

서 말이다. 부인의 예상대로 남편은 주방에 가서 바나나크림파이를 들고 나타났다. 그런데 깜짝 놀랄 일이 벌어졌다. 남편은 부인의 얼굴에 파이를 던졌다.

부인은 할 말을 잃은 채 잠시 앉아 있다가 웃음을 터뜨렸다. 남편도 따라 웃었다. 부인은 남편이 이런 상황을 만들 만큼 배짱이 있으리라고는 전혀 상상하지 못했다. 부인은 남편을 겁쟁이라고 생각해 왔고, 이것이 타고난 본성이라 죽을 때까지 고칠 수 없다고 여겼다. 하지만 이 사건으로 어쩌면 결혼 생활이 바뀔 수도 있다는 희망을 갖게 되었다. 부인은 남편을 다르게 보기 시작했다.

물론 부인은 자신의 얼굴에 파이가 날아오는 상황을 원하지 않았다. 상담사는 부인이 정말로 원하는 바를 파악하면서 두 사람이 결혼 생활을 유지할 방법을 상담해 나갔다.

그다음 주에 부부는 다시 다투었고, 남편은 부인의 요청대로 행동했다. 남편은 다툼 중에 부인을 진정시키거나, 어떤 식으로든 평화를 유지하려고 하지 않았다. 또 부인에게 정면으로 맞섰다. 이 일은 남편에게 큰 도전이었으나 가능한 일이기도 했다.

나의 한 여성 친구는 유아기 때 친부모로부터 버려졌다. 친구는 입양되었고 자신도 이 사실을 알고 있었다. 친구는 유대감과 애착이 형성되는 유아기 초반에 다섯 번이나 위탁 가정을 전전해야 했다. 성인이 되어 인간관계에 문제가 생기자 친구는 자신이 유기되었기 때문에 이런 문제가 일어났다고 결론지었다. 과거의 경험이 만족스러운 인간관계를 맺을 수 없게 방해한다고 믿은 것이다.

많은 시간이 흘러 그는 친어머니를 만나게 되었다. 그런데 친어머니는 그의 유아기에 관해 꽤 다른 이야기를 들려주었다. 그가 위탁 가정에 맡겨져 있는 동안 친어머니가 자주 찾아가 우유를 먹였고, 이야기를 들려주는 등 양육에 힘썼다는 것이다. 또 친어머니는 딸을 계속 키우고 싶었지만 방법이 없어 포기했노라고 털어놓았다. 그 당시엔 아직 어렸던지라 부모와 입양 기관의 압력에 굴복할 수밖에 없었다고 했다.

내 친구는 이 이야기를 듣는 순간 머릿속 톱니바퀴들이 어긋나는 느낌을 받았다. 유아기에 유대감을 박탈당한, 아무도 원하지 않는 고아라는 이야기가 산산조각 나버렸기 때문이다.

방법 2 요약: 문제 이야기의 반증들을 찾고, 없다면 만들어 내라

나에 관한 이야기가 나와 맞지 않는다는 증거를 찾아라. 그럴 수 없다면 그 이야기에 도전하라.

연습 2: 문제 이야기에 도전하라

당신이 믿고 있는 문제 이야기가 있다면 그게 무엇이든 써 내려가라. 자신에 관한 일반적인 문제도 좋고, 현재의 문제를 써도 좋다. 혼자서 그런 이야기들을 발견해 내기 어렵다면 친구들과 대화를 나누어 도움을 받을 수도 있다. 특히 오랫동안 문제 이야기를 믿어온 경우, 혼자 힘으로는 이를 명확히 밝혀내기가 어려울 수 있다. 이야기를 쓰는 방식은 다음과 같다.

나는 자신을 바보라고 믿고, 새로운 사실을 학습할 능력이 없다고 생각한다. 또한 나는 무척 형편없는 사람이다. 왜냐하면 성적으로 학대당했고 이혼했기 때문이다.

다음으로 일련의 증거 리스트를 만들어라. 여기서 증거란 앞에서 언급한 이야기에 정면으로 도전하거나 아예 반대되는 내용이어야 한다.

이런 문제 이야기에 도전하기 위해 나는 다음의 사실들을 기억해 냈다. 나는 작년에 롤러스케이트 타는 법을 정말로 잘 배웠고, 모든 주도의 이름을 알고 있다. 또한 나는 성적으로 학대당했고 이혼도 했지만 성격이 좋은 친구들을 알고 있다.

이야기 바꾸기 방법 3
: 자신이 곧 문제 이야기가 아니라는 사실을 인지하라

사람들은 종종 자기 문제를 너무도 잘 파악한 나머지 자신의 존재 자체를 문제라고 생각한다. 간혹 나른 사람들이 이를 더 강화해 주기도 한다. 그 예로 심리 치료사와 의사 들은 고객이나 환자를 일

컬을 때 자주 약칭을 사용한다. 이를테면 "저는 우울증 환자를 여러 명 다뤄봤어요", "저는 당뇨병 환자를 전문으로 치료합니다"라고 말하는 식이다.

이런 약칭들은 그 환자에게 영원히 떨어지지 않는 꼬리표가 될 수 있다. 당연한 말이지만 사람은 우울증 환자나 당뇨병 환자로만 딱 분류되지 않는다. 우울증 환자인 동시에 선생님·아버지·어머니일 수 있고, 남동생·정비공·의사·어부일 수도 있다. 또는 멋지고 재미있는 어떤 사람일 수도 있다.

이 장 처음에서 나는 '수줍은 아이' 이야기에 어떻게 도전하게 되었는지를 설명했다. 그때 나는 '남은 일생의 나를 규정할 정도로 수줍음은 고정된 상태가 아니다'라는 사실을 깨달았다. 성인이 된 후 우울증을 앓았을 때도 이 깨달음을 똑같이 적용했다. 자신을 '우울증 환자'라고 생각하기보다 '우울하게 행동하고 있는 사람'으로 생각하기 시작한 것이다. 이는 '우울하지 않은 행동'을 시작할 계기를 마련해 주었고, 그 결과 우울증에서 벗어날 수 있었다.

**방법 3 요약: 자신이 곧 문제 이야기가
아니라는 사실을 인지하라**

당신에게 붙은 꼬리표에 도전하고 꼬리표를 바꿔라. 자신이 꼬리표 이상의 존재라는 사실을 항상 상기하라.

연습 3 : 꼬리표에 도전하고 꼬리표를 바꿔라

당신에게 붙어 있는 유용하지 않은 꼬리표들을 써 내려가라. 자신이 그 꼬리표를 붙였을 수도, 주변 사람들이 붙였을 수도 있다. 꼬리표들을 써 내려가는 방법은 다음과 같다.

나는 충동적인 사람으로 널리 알려져 있다.

다 적었다면 이번에는 당신이 가진 자질들을 써 내려가라. 앞서 쓴 유용하지도, 호의적이지도 않은 꼬리표가 당신을 완전히 정의할 수 없다는 사실을 증명하라. 예를 들면 이런 식으로 써볼 수 있다.

나는 상황이 좋을 때나 안 좋을 때나 친구의 곁을 충실하게 지키는 사람이다. 또 나는 물건을 대량으로 구매하기 전에 신중히 조사한다.

이야기 바꾸기 방법 4
: 자비롭고 유익한 이야기들을 만들어 내라

이번에는 조금 더 유용한 이야기들을 선택하는 방법을 알려주겠다. 자신, 문제 상황, 다른 이들에 관해 연민과 가능성이 스며 있는 이야기를 만드는 방법 말이다.

우리가 흔히 믿는 유효하지도 않고 자책적인 이야기에서 가장 빈번하게 쓰는 표현이 '해야만 한다'다. 심리학자 앨버트 엘리스Albert Ellis는 "자신에게 '해야만 한다'라고 종용하는 일을 멈춰라"라는 어구를 만들어 내기도 했다. 지금까지와는 다른 방식으로 느끼고 행동해야만 한다고 스스로 종용할 경우, 자신을 부정적으로 생각할 확률이 높기 때문이다.

대안책은 자신만의 방식으로 느끼고 존재해도 괜찮다고 스스로 말하는 것이다. 비록 당신의 마음속 한구석에 달리 행동해야 한다는 생각이 자리 잡고 있더라도 말이다.

한 여성이 상담 첫날 내내 울음을 멈추지 않았다. 내 동료 치료사는 한참을 기다린 후에야 여성의 문제가 무엇인지 알아낼 수 있었다. 여성은 흐느껴 울다가 숨찬 목소리로 이렇게 말했다.

"저의 말 때문이에요."

"말이 어떻게 되었기에 그러시나요?"

치료사가 묻자 여성은 울먹이며 대답했다.

"말이 무지개다리를 건넜어요."

당황한 치료사가 유감이라고 말했다.

"그 애는 2년 전에 무지개다리를 건넜어요. 저는 말이 떠나서 아직도 너무나 슬퍼요. 그 애가 정말 그리워요. 하지만 남편은 저에게 이제 그만 슬퍼해야 한다고 말하죠. 친구들도 그래요. 말 한 마리 때문에 아직도 슬퍼하는 건 바보 같은 짓이라고요. 제 주치의는 신경안정제를 복용해야 한다고 권했고요. 하지만 그렇게 해도 여전히 슬프고 고통스러워요."

치료사가 물었다.

"당신의 슬픔이 2년 안에 사라져야 한다고 누가 규칙을 만들었죠? 당신은 언제까지든 슬퍼할 수 있어요. 사람 때문이든 말 때문이든 상관없습니다. 우리는 저마다 죽음을 애도하는 방식을 가지고 있고, 슬픔에 관한 시간관념도 천차만별이니까요. 그 누구도 다른 이에게 무엇이 올바른 방식이며 알맞은 기간이라고 알려줄 수 없습니다."

여성은 울음을 멈추고 고개를 들어 치료사를 바라봤다.

"제 말의 죽음을 계속 슬퍼해도 괜찮다는 말씀인가요?"

"그렇습니다. 제 말을 정확하게 이해하셨네요."

"감사합니다. 혹시 말 사진을 보여드려도 될까요?"

"물론이죠."

그들은 사진을 보며 남은 시간을 보냈다. 여성은 말과의 특별했던 관계를 떠올리며 눈물을 몇 방울 흘렸다. 하지만 상담실에 처음 들어왔을 때나 집에서 그랬듯이 격렬하게 흐느끼지는 않았다.

다음 상담 시간에 여성은 그동안의 일을 말해주었다. 상담 후 여성은 남편과 친구들에게 자신한테는 말의 죽음을 슬퍼할 완벽한 이유가 있으며, 필요한 만큼 슬퍼할 계획이라고 알렸다. 그 후부터 여성은 훨씬 덜 울게 되었고, 때때로 말의 죽음을 평온하게 느낄 수 있었다. 여성이 슬픔을 멈추기 위해 어떤 행동도 할 수 없었다는 건 문제가 아니었다. 신짜 문세는 이 감정을 무시당하고 있다는 것이었다. 언제 슬픔을 내려놓고 앞으로 나아갈지는 전적으로 자신이 정할 일이다. 여성은 이를 인정함으로써 우울함을 덜 수 있었다.

이렇듯 자신과 자신의 감정을 관대하게 받아들이는 일은 매우 중요하다. 만약 당신이 당뇨병이나 우울증을 앓고 있다는 점 때문에 자신을 인정하지 않아 힘들어하고 있다고 생각해 보자. 이러한 행동은 당신이 처한 상황에 아무런 도움이 되지 않을뿐더러 오히려 상황을 악화시킬 수 있다. 이는 다른 사람을 대할 때도 마찬가지다.

어린 시절, 아버지는 종종 내게 5달러를 슬며시 쥐여주면서 이렇게 말하곤 했다.

"여기 5달러다. 엄마에게는 말하지 마라."

당시 나는 어머니가 아버지의 후한 용돈 씀씀이를 못마땅해하는 걸 알고 있었으므로 이를 기꺼이 비밀로 했다. 나중에 커서 생각해 보니 그때 그 말은 아버지만의 "사랑한다"라는 고백이었다. 다른 사람들이 대부분 그렇듯 나 또한 "사랑한다"라는 직접적인 말과 포옹을 더 원했지만, 이제는 그것이 아버지가 사랑을 표현하는 방식이라는 것을 알고 있다. 이를 깨달은 후부터는 아버지가 약간의 돈을 찔러주면서 "엄마에게는 말하지 마라"라고 말하면 "사랑한다, 아들아"로 해석해서 들었다.

아버지가 암에 걸렸을 때, 나는 아버지에게 곧장 전화를 걸었다. 그리고 통화가 끝나갈 때쯤 이렇게 말했다.

"아버지께서 해주신 모든 일에 제가 얼마나 감사하고 있는지 알아주세요. 사랑해요, 아버지."

"그래. 나도 너희를 모두 사랑한다."

아버지는 재빨리 이렇게 대답하고 전화를 끊었다. 나는 어깨를 한번 으쓱하며 아버지가 직접적인 사랑 표현을 얼마나 불편해하는지를 새삼 깨달았다.

암 투병이 3년째에 접어들던 시기에, 나는 애리조나주에서 대학에 들어가기 위해 준비하고 있었다. 아버지는 나를 보러 애리조나주에 왔다. 하지만 도착한 지 얼마 안 되어 병세가 악화되는 바람에 네브래스카주로 돌아가야만 했다. 우리는 공항의 출국 라운지에 앉아서 지금이 서로를 볼 수 있는 마지막 시간이라는 사실을 예감했다. 나는 아버지에게 기대어 말했다.

"사랑해요, 아버지."

"음…… 나도 너희를 모두 사랑한단다."

아버지는 눈을 돌리며 이렇게 대답했다. 나는 아버지의 눈을 바라보며 아주 천천히, 다시 말했다.

"아니요, 아버지. 저는 아버지가 분명히 들어주시기를 원해요. 저는 아버지를 사랑해요."

아버지는 눈물을 흘리기 시작했고 우리는 서로를 안았다. 아버지는 이렇게 속삭였다.

"사랑한다."

아버지는 결국 내 방식에 맞추어 행동해 주었다. 하지만 아버지가 "사랑한다"라는 말을 해주지 않았더라도 나는 아버지가 나를 사랑한다는 사실을 알았을 것이다. "여기 5달러다. 엄마에게는 말하지 마라"라는 말 역시 사랑의 표현이라는 것을 나는 이해한다. 따라서 자신을 잘 표현하지 못하고, 사랑을 직접 전하는 게 서툰 아버지에게 깊은 연민을 느낄 뿐이다. 아버지는 자신이 속한 가족과 문화에서 그렇게 배워왔을 테니까.

이 모든 것을 이해하기 위해서는 자신에게 부정적인 이야기를 말하는 것을 멈춰야만 했다. 아버지가 나를 사랑한다고 말해주어야만 하고, 그러지 않는다면 아버지를 냉정하고, 감정적으로 불안한 사람으로 낙인찍어 버리는 그런 이야기들 말이다.

당신이 누군가와 말다툼을 하던 중에 상대가 이 상황을 어떻게 보고 느끼는지 이해하게 되었다고 가정해 보자. 더불어 당신은 그에게 연민까지 느끼게 되었다. 이 경우 당신은 상대에게 한층 부드럽고 친절하게 말할 것이다.

> **방법 4 요약: 자비롭고 유익한 이야기들을 만들어 내라**
> 당신 자신, 문제, 다른 사람들에 관한 이야기 중 연민과 가능성을 품게 해줄 이야기들을 자신에게 들려주어라.

연습 3: 자비로운 대답을 상상하라

당신이 느끼고 있는 감정이나 자신 때문에 화가 나고 우울하다면 다음과 같이 상상해 보라. 당신이 알고 있는 친구들 중 가장 배려심이 깊은 이에게 당신의 감정과 상태를 털어놓는 것이다. 그가 들려줄 수 있는 가장 배려 깊은 말은 무엇일까?

만약 당신이 종교적이고 영적인 사람이라면 예수나 알라, 부처, 성령, 우주의 의식이나 기운 등이 당신을 찾아왔다고 상상해 볼 수도 있다. 그 인물들은 당신이나 이 상황에 어떤 이야기, 어떤 시각을 가지고 있겠는가? 당신을 위해 어떤 조언과 메시지를 보내겠는가?

이 마지막 방법은 다음 장의 해결 열쇠로 멋지게 이어진다. 8장에서는 문제를 해결하기 위해 영성을 이용하는 법을 알아볼 것이기 때문이다.

해결 열쇠 6 : 문제 이야기를 해결 이야기로 바꿔라

방법 1 : 현재의 감정과 상태를 인정하고 사실만 서술하라

상황을 평가, 판단, 설명하지 말고 그저 당신이 겪은 일과 상황의 사실만을 인정하라. 그리고 그것을 있는 그대로 기술하라.

방법 2 : 문제 이야기의 반증들을 찾고, 없다면 만들어 내라

유용하지 않은 이야기들의 반증들을 찾아라.

방법 3 : 자신이 곧 문제 이야기가 아니라는 사실을 인지하라

당신이 가진 이야기가 무엇이든 그것이 당신에게 늘 적용되는 이야기는 아니라는 사실을 상기하라.

방법 4 : 자비롭고 유익한 이야기들을 만들어 내라

당신이 놓여 있는 상황이나 다른 사람을 조금 더 따뜻하고 관대하게 바라볼 수 있는 지점을 찾아내라.

자신 넘어서기

: 영성 이용하기

때로 자신이 가엾게 느껴지는 순간이 온다. 그럴 때면 나는 하늘에서 불어오는 위대한 바람에 내 영혼이 날아가도록 둔다.

―오지브웨이Ojibway 부족의 격언

한 남성이 아버지를 여읜 뒤 영적인 능력에 눈을 뜨게 되었다. 그는 이제껏 어떤 일이 일어나든 자신의 힘으로 해결해 왔다. 하지만 아버지의 죽음만큼은 받아들일 수 없었다. 상실감과 슬픔이 어찌나 컸던지 다시는 괜찮아지지 않을 것 같다는 생각까지 들었다. 그는 이러한 감정을 감당하기 위해 영성이 필요하다는 사실을 깨닫는다.

영성이란 개인의 인간성 그 이상의 것이다. 이는 다양한 이름으로 불리고 다양한 방식으로 사용된다. 누구는 이를 영혼이라 부르기도 하고, 누구는 신·알라·야훼·상위 자아라고 부르거나 우주·자연 등으로 칭하기도 한다. 이름은 제각각이지만 이 모든 것은 '고립

175

된 자아를 뛰어넘는 무엇'을 뜻한다는 점에서 같다.

이에 관해 내가 들은 이야기가 하나 있다. 텍사스주Texas에서 자란 한 여성은 인생에서 문제가 생길 때마다 근처에 사는 할머니를 찾아갔다. 할머니가 항상 다정하게 위로하며 삶의 지혜를 전해주었기 때문이다. 그러던 어느 날, 여성이 현재 상황을 불평하자 할머니가 슬프게 미소 지으며 말했다.

"얘야, 세상을 살다 보면 가끔은 자신에게 초연해야 한단다."

나 역시 인생에 문제가 생겼을 때 이런 현명한 조언을 많이 들어왔다. 그렇다. 영성이란 '자신을 뛰어넘어라'라는 뜻이다.

이번 장에서는 문제를 해결하기 위해 영성을 이용하는 구체적인 방법을 알아볼 것이다.

해결 열쇠 7 : 문제를 초월하고 해결하기 위해 영성을 이용하라

영성 이용하기 방법 1: 영성으로 가는 통로를 발견하라

영성은 현실의 자아를 뛰어넘은, 더 높은 차원의 어떤 것이다. 따라서 우리 안의 더 큰 가능성을 보여주거나 인간의 한계를 넘어서는 경험은 모두 영성을 이무는 중요한 요소기 될 수 있다. 만약 '영성'이란 단어를 부정적으로 느낀다면 '당신의 시야를 넓혀서 더 고차원적인 무언가와 연결해 주는 어떤 것'이라고 생각하라. 다음에 나열한 일곱 가지 통로는 더 고차원적인 무언가와 만나려는 사람들을 위한 길이다. 누구나 이 길을 이용할 수 있지만 어떤 길은 당신과 맞지 않거나 와닿지 않을 수도 있다. 혹은 당신이 전에 경험한 길일 수도 있다. 만약 다음의 방법을 다 써봐도 영성과 통할 수 없다면 자신에게 와닿는 방법을 찾아 시도하라.

통로 1 : 내면 깊숙이 숨겨진 자아, 즉 영혼에 접속하라

이 통로는 영혼, 지혜, 무의식, 직감 같은 가장 깊은 내면으로 향한다. 사람들은 주로 명상, 묵상, 내면의 소리에 귀 기울이는 행위를 통해 자신과 연결되는 경지에 도달한다. 일상에서는 소음과 소란 때문에 영혼의 소리를 듣기가 어렵다. 따라서 대부분의 사람은 자신의 영혼과 연결되기 위해 침묵과 묵상의 시간을 필요로 한다.

통로 2 : 신체를 통해 영혼에 접속하라

여러 종교나 영적 단체에서 영성에 접속하기 위해 신체의 움직임을 이용하고 있다. 나는 카리브해Caribbean 지역을 여행하던 중 슈퍼마켓에서 내 물건을 계산해 주던 여성이 옆에 있는 점원과 나누는 대화를 듣게 되었다.

"어떤 종파의 교회에 나가세요?"

여성이 묻자 동료가 말했다.

"장로교회에 다녀요."

"저한테 장로교회는 너무 엄숙하더라고요. 그래서 저는 침례교회에 나가요. 신을 만나려면 저는 '움직여야' 하거든요."

여성은 이렇게 말하며 몸을 들썩이고 양손을 흔들었다. 이렇듯 어떤 사람들은 자신을 초월하는 무언가와 연결되기 위해 춤, 성관계, 운동, 좋은 음식 먹기, 찬송, 요가 같은 신체 활동을 한다.

메리 올리버Mary Oliver의 시 중 내가 좋아하는 〈기러기Wild Geese〉에도 이 통로를 뜻하는 표현이 있다.

> 꼭 좋은 사람이지 않아도 괜찮다. (……) 당신의 육신 안에 살고 있는 여린 동물이 사랑하는 것을 사랑하게 해주기만 하면 된다.

나는 이 시가 노래하는 '당신의 육신 안에 살고 있는 여린 동물'이라는 표현을 매우 사랑한다. 이 표현은 몸을 통한 영성의 발견, 그것과의 접속을 매우 잘 형상화하고 있다. 당신은 그저 몸 안의 여린 목소리가 원하는 대로 하게 두면 된다.

통로 3 : 타인에게 접속하라

우리는 때로 사람들과의 관계 속에서 사소한 걱정을 초월하게 해주는 방법을 발견한다. 상대는 어린아이, 친구, 배우자, 우연히 만난 낯선 사람일 수도 있다. 그러한 만남에서 우리는 자신을 넘어서는 무언가에 접속하는 느낌을 받는다. 여기서 말하는 관계란 일대일 관계를 뜻한다. 신학자이자 철학자였던 마르틴 부버Martin Buber는 이를 '나와 너' 관계라고 불렀다. 전형적인 타인과의 만남과 달리 '나와 너' 관계에서는 상대의 완전한 내면을 경험한다. 이는 우리가 생각하는 타인의 단편적인 모습이 아니며, 우리의 부족한 부분을 채워주는 단순한 무언가도 아니다.

나는 아들 패트릭Patrick이 태어난 순간을 기억한다. 마치 내 심장에서 사랑의 소방 호스가 열려 아들에게 쏟아지는 듯한 기분이었다. 그때 나는 아들을 위해서라면 내 목숨을 얼마든지 내놓을 수 있다는 사실을 깨달았다. 이런 관계에서는 자신의 문제쯤 가볍게 초월할 수 있었다.

한 여성이 어린 시절 성적으로 심하게 학대를 당했다. 나는 이 여성이 겪은 어려운 일들을 들으면서 이를 헤쳐 나간 용기와 끈기를 존경했다. 하지만 여성은 매우 자기비판적이어서 사소한 실수에도 자신을 잔인할 정도로 비난하곤 했다. 여성은 자신이 일반적으로 받아들여지기 어려울 정도로 나쁜 사람이라고 느끼고 있었다.

여성은 상담실에 앉아 자신이 얼마나 끔찍한 인간인지를 말하고 있었다. 하지만 나는 그런 이야기 속에서 이 여성이 참으로 훌륭한 사람이라고 느꼈고, 여성이 이 사실을 깨닫지 못하는 것이 안타까워 눈물을 흘렸다.

"왜 그러세요?"

여성은 내 눈물을 보자 즉시 이야기를 멈추고, 나를 순수하게 걱정했다.

"당신이 내 눈을 통해 잠깐이라도 자신을 바라볼 수 있다면 지금처럼 자신을 끔찍하게 느끼지 않을 거예요."

여성은 당황해서 잠시 머뭇거렸다. 우리는 내 눈물이 여성에게 투영될 때까지 몇 분간 침묵 속에 있었다.

몇 주 후, 여성은 그날 상담실에서 나의 눈에 비친 자신의 모습을 보았다고 고백했다. 그 찰나 자신이 그렇게 나쁜 사람이 아닐 수도 있겠다는 생각이 들었다고 했다. 심지어 자신이 훌륭하고 사랑받을 자격이 있는 사람일지 모른다는 생각까지 들었다고 했다. 그날 이후에도 이따금 자기비판적인 습관이 나오기는 했지만 여성은 자신을 끔찍한 사람이라고 믿지 않게 되었다.

통로 4 : 공동체에 접속하고 세계에 기여하라

대부분의 사람은 자신과 비슷한 생각을 가진 집단이나 공동체 안에서 무언가를 함께 숭배하며 영성을 찾는다. 집단에 속해 있다는 느낌은 자신보다 나은 무언가에 연결되었다는 의식을 심어준다.

한 여성이 자살 충동과 우울증으로 정신병원을 들락거렸다. 병원에 입원할 때마다 우울감은 줄어들고 자살 충동 역시 약해졌다. 여성이 세 번째 입원했을 때 한 직원이 그러한 패턴을 알아차렸고, 병원에 입원할 때마다 상태가 더 나아지는 이유가 무엇이라고 생각하는지 물었다.

"고립되지 않기 때문이죠. 혼자일 때는 우울한 생각들이 점점 커져서 내가 죽었는지 살았는지 아무도 신경 안 쓸 거라는 생각이 들어요. 하지만 이곳에는 나를 신경 써주는 사람이 있기 때문에 고립

되지 않을 수 있어요."

직원은 여성에게 병원 교회 목사와 만날 수 있는 자리를 마련해 주었다. 또 젊은이들을 위해 많은 활동을 벌이는 활기찬 교회 모임에 초대했다. 그 후로 여성은 다시 병원에 오지 않았다.

이렇듯 공동체에 속하거나 세상에 공헌하는 행동은 사람들에게 행복감, 평온함 같은 긍정적인 느낌을 준다. 시인 라이너 마리아 릴케Rainer Maria Rilke는 이렇게 말했다.

"내가 비상할 수 없다면 다른 누군가가 날아오를 것이다. 성령은 하늘나라를 향해 비상하는 존재가 이 땅에 있기만을 원한다. 따라서 누가 그 일을 해냈는가에는 순간의 관심만을 기울일 뿐이다."

공동체 안에서 한 사람의 공헌이 모두를 구원으로 이끈다는 뜻이다. 마더 테레사Mother Teresa 같은 사람들은 타인에게 이바지해야 한다는 사명을 받았다고 생각한다. 그래서 성령이 자신을 선택했다는 일종의 소명 의식을 가지고 있다.

통로 5 : 지구 혹은 자연에 접속하라

어떤 이들은 자연 속에서 사는 것이 문제를 초월해 자신들을 회복으로 이끈다고 믿는다. 실제로 한 연구는 사무실에서 일하는 직장인들이 자연경관이 보이는 위치에 있을 때 생산성이 더욱 높아진다는 사실을 입증했다. 그렇다면 자연은 당신이 영성에 접속하거나, 통찰력·목적의식을 되찾게 해줄 하나의 방법이 될 수 있을까?

경력 때문에 모든 힘을 소진한 사람이 있었다. 그는 전임직으로 일하면서 자녀를 두 명 키우다가 더 높은 학위를 취득하기 위해 학교에 진학한 상태였다. 그는 아들이 2주간 참여하는 야생 캠프 여행에 보호자로 동행하게 되었다. 그는 더 많아진 책임과 활동에 관한 부담으로 신음했다. 그러나 캠프에 참여하는 얼마간은 일과 떨어져 있을 수 있겠다는 생각이 들었다.

첫째 날은 힘겨웠다. 그의 마음은 온통 일에만 쏠려 있었다. 하지만 첫째 주가 끝나갈 무렵, 활발한 신체 활동 덕에(몰골이 말이 아니었지만) 활력이 끓어오르는 것을 느낄 수 있었다. 이렇게 자연 속에서 몸을 이용해 활동하는 일은 그를 더욱 활기차게 만들어 주었다.

둘째 주가 끝나갈 무렵에는 한 달에 한 번 자연에서 도보 여행을 하며 시간을 보내겠다고 다짐했다. 그는 결심을 실행했고, 학위 과정 또한 힘겨워하지 않으며 마칠 수 있었다.

통로 6 : 예술 작품 만들기나 감상에 참여하라

예술 작품에 집중하는 사람들을 본 적이 있는가? 그들은 미술관에서 회화 작품을 바라보는 중에 눈물을 흘리기도 하며, 오페라를 들으며 황홀해하고, 무아지경에 빠지기도 한다. 이렇듯 사람들은 문학 작품·그림·조각·연극·영화·사진·춤·음악을 감상하는 동안 일상에서 탈출하고, 황홀함을 느끼며, 다른 사람이 된다. 그 밖에도 예술가의 공연, 작품을 보거나 창작 활동을 함으로써 황홀해질 수 있다.

몇몇 영화에서는 수용소에 갇힌 재소자들이 관현악단에서 연주를 하거나 합창단에서 노래함으로써 끔찍하고 고통스러운 상황을 헤쳐 나가는 모습을 상세하게 보여준다. 즉 예술 활동은 우리를 현재 상황에서 벗어나 다른 세계로 나아가도록 이끌 수 있다.

통로 7 : 신 혹은 절대자에게 접속하라

알코올의존증환자갱생회 설립 배경에 관한 이야기를 읽은 적이 있다. 알코올의존증환자갱생회가 설립되기 이전에 설립자의 지인 중 한 명이 저명한 정신과의사인 칼 정Carl Jung에게 치료를 받았다고 한다. 환자는 칼 정의 지혜를 존경했고 그의 지도를 따르고 싶었지만 이미 만성이 되어버린 폭음을 멈추지 못했다. 술을 끊으려 노력했으나 그럴 수 없다는 사실만 알게 되었을 뿐이었다.

환자는 자신의 음주 습관에서 벗어날 방법이 있는지 물었으나 정은 고개를 가로저었다. 정은 그처럼 심각한 알코올의존증은 치료가 불가능하다고 대답했다. 심리 치료란 것이 있지만 심각한 상태의 중독을 치료한 케이스는 없다고 했다.

당신도 짐작할 수 있듯이 환자는 위대한 칼 정이 어떠한 격려나 희망적인 말조차 해주지 않아 엄청나게 충격을 받았다. 환자는 간청했다.

"다른 방법이 없을까요?"

"글쎄요. 신앙심을 가져보면 어떻겠습니까? 당신 같은 상태의 환자에게는 그게 유일한 방법이더군요."

환자는 그런 일이 어떻게 도움이 된다는 것인지 도통 이해할 수 없었다. 그래서 당신이라면 어떻게 하겠느냐고 물어보았다.

"저라면 제가 아는 모든 종교 부흥회에 참석해서 그중 하나라도 믿게 되기를 바랄 겁니다."

환자는 정의 권유대로 20세기 초에 유행한 기독교 부흥 운동 단체인 옥스퍼드그룹Oxford Group 미팅에 참석했고 정말로 종교에 귀의하게 되었다. 이러한 경험을 통해 알코올의존증환자갱생회의 열두 단계 프로그램에서 가장 유명한 단계, '절대자에게 기대는 방법'이 생겨난 것이다.

이 방법은 모든 수단을 동원해 절대자, 신과 같은 강력한 존재에게 접속하는 것을 목표로 한다. 또한 이 길을 통하면 당신의 주변 사람들이 각자 다른 방식으로 절대적인 존재에게 접속한다는 사실을 알게 된다.

방법 1 요약: 영성으로 가는 통로를 발견하라

영혼, 신체, 타인, 공동체, 자연, 예술, 혹은 절대자에게 접속하라.

영성 이용하기 방법 2
: 과거, 현재, 미래를 이용해 영성에 접속하라

과거, 현재, 미래에서 당신이 겪고 있는 문제를 해결해 줄 영적 해결책과 지략을 찾을 수 있다.

과거를 통해 영성에 접속하라 : 과거의 영적 경험을 상기하라

앞서 2장에서 우리는 효과적으로 문제를 해결하는 방법 중 하나로 과거를 되짚어 보는 방법을 알아보았다. 일이 잘 풀렸던 시기나 문제를 해결했던 순간을 상기하여 그때의 기술들을 다시 사용하는 것으로, 영성에 접속하는 데도 이를 적용해 볼 수 있다. 다시 말해, 과거 영성에 접속했던 기억을 떠올려 그 방법을 행하면 된다.

여기 나열한 질문들은 과거를 되짚어 문제의 해결책을 찾게 도와줄 것이다.

- 종교적, 영적 믿음을 가진 경험이 있는가? 혹은 종교적, 영적 의식을 따라본 경험이 있는가?
- 그 경험들은 어떠한 방식으로든 도움이 되었는가?
- 자연, 인류, 우주, 신처럼 당신 이상의 존재에게 접속하는 느낌을 받은 적이 있는가?
- 그런 적이 있다면 가장 깊은 영적 경험은 무엇인가?

현재 시점에서 영성에 접속하라 : 현재의 영적 자원과 해결책을 인지하라

이제 현재 시점에서 영성에 접속하는 방법을 찾아라. 다음의 질문들은 그 방법을 찾는 데 도움이 될 것이다.

- 에너지를 재충전하기 위하여 무엇을 하는가? 또는 어디에

가는가?

- 종교 행사에 참석하는가? 만약 그렇다면 그러한 행사에서 받는 느낌 중 무엇이 가장 좋은가?
- 어떤 종류의 예술 활동을 즐기는가?
- 다른 사람들과 어떻게 관계를 맺는가?
- 삶의 목적을 가지고 있는가? 그 목적은 무엇인가?
- 당신이 처한 상황에 도움이 될 만한 종교적·영성적 인물, 혹은 활동이 있는가?

미래를 이용하라 : 미래의 영적 희망, 목적을 만들라

과거나 현재에서 영성에 접속하는 방법을 찾지 못했다면 이번에는 미래를 그려 현재의 가능성을 만들어 보자. 자신에게 아래의 질문을 던져보라.

- 미래에 하고 싶은 정신적, 종교적 활동이 있는가?
- 현재 삶의 영적 부분이나 내면 중 더 발전시키고 싶은 것이 있는가?
- 영성적, 종교적 인물 중에 롤 모델로 삼고 싶은 이가 있는가? 어떤 면에서 그러한가?

방법 2 요약 : 과거, 현재, 미래를 이용해 영성에 접속하라

과거, 현재, 미래에서 당신이 지금 겪고 있는 문제를 해결해 줄 영적

영성 이용하기 방법 3 : 연민, 봉사 정신, 신념을 키워라

타인과 자신에 관한 연민을 불러일으켜 그것에 접속하라

대부분의 종교와 영적 단체에서 연민, 봉사 정신은 그 단체의 근간이다. 나는 연민을 '타인에게 도움을 주고 지원하며, 자비를 베풀 의향이 있고, 그의 고통을 함께 나누고자 하는 강한 느낌'이라고 정의한다. 우리는 남을 평가하고 비판하는 일에 많은 시간을 할애한다. 반면 예수, 부처, 마틴 루서 킹 주니어Martin Luther King Jr., 마하트마 간디Mahatma Gandhi처럼 사람들에게 존경을 받는 위대한 영적 인물들은 남을 포용할 뿐 비판하지 않았다. 일례로 예수는 나병 환자와 매춘부를 감싸주었고, 간디는 최하 천민들을 어루만졌다.

우리는 비극과 시련을 감내할 때, 고통받는 타인에게도 어느 정도 공감하고 연민을 가질 수 있다. 따라서 사무적이고 비판적인 모습 대신 일상에서 연민을 가지는 것이 중요하다. 일상이 고달플수록 이는 더더욱 필요하다.

연습 1 : 연민에 접속하라

이번 장에도 당신을 위한 해결 지향적 연습법이 준비되어 있다. 당신이 누군가의 연민과 이해를 간절히 구하던 때를 떠올려 보라. 다른 사람들이 당신에게 어떤 식으로 말해주길 바랐는가? 또한 당신은 그들과 어떤 관계이기를 바랐나? 당시 나눴던 대화 중에 어떤 단어와 억양을 사용한 것이 가장 편안하게 들리고 도움이 되었는가? 그들이 어떻게 행동했더라면 이전의 경험들과는 다른, 특별한 차이를 느꼈을 것 같은가? 누군가는 당신에게 친절, 이해, 연민을 베풀었을 것이다. 그 사람이 한 일은 무엇인가?

이제 주변 사람들에게 위의 대답들을 적용할 방법을 생각하라. 당신의 직장 상사에게 적용해 볼 수 있고 자녀, 배우자, 친구, 당신이 알지 못하는 사람도 대상이 될 수 있다.

물론 7장에서 말한 바와 마찬가지로 자신에게도 연민을 베풀 수 있다. 만약 당신이 어떤 일 때문에 고통스럽다면 자신의 삶에 어떻게 연민을 불어넣을 수 있겠는가? 또한 자신을 향한 가혹한 엄격함이나 자기비판 대신 어떤 말과 행동으로 자신을 위로하겠는가?

봉사란

세상이 나를 행복하게 만들어 주지 않는다며 불평하고, 다른 이의 인생을 배 아파하며, 질병 따위에 굴복해서는 안 된다. 자신이 믿는 대의에 최선을 다하는 것이야말로 삶의 참다운 기쁨이다. 나는 사회를 위해 뭔가를 할 수 있다는 것을 특권이라고 생각한다. 그래서 죽음을 맞이할 때까지 자신이 완전하게 쓰이기를 바란다. 열심히 봉사할수록 나는 더 오래 살아남는 것이다. 나는 인생 자체를 위해 인생을 즐긴다. 나에게 인생은 곧 꺼져 버릴 촛불이 아니라 일종의 횃불이다. 이 횃불을 가능한 한 활활 타오르게 하다가 다음 세대에 넘겨주고 싶다.

-조지 버나드 쇼 George Bernard Shaw

내가 이 책을 집필 중일 때, 나의 부인은 아주 심각하고, 어쩌면 치명적일지 모르는 질병으로 고통받고 있었다. 사실 내가 자라온 가정에서는 '아프지 마라'가 불문율이었다. 나의 어머니는 중서부의 근로 가치관을 가진, 농장의 강인한 여인이었다. 그래서 일어날 수 없을 정도가 아니라면 열이 나든 목이 아프든 매일 일터나 학교로 나갔다. 나 역시 침대에서 일어나지 못할 정도로 아파야 집에서 쉴 수 있었다. 이런 날에는 침대에만 머물러야 해서 텔레비전을 보거나 독서를 하는 등 그 어떤 재밌는 일도 할 수 없었다. 즉 진짜 병에 걸렸다면 지루함을 감수해야 했다. 어머니는 우리가 다 나을 때까지 홀로 내버려두다가 몇 시간에 한 번씩 침실에 들러 음료나 먹을 것이 필요한지를 살폈다. 그 시간 외에는 대부분 우리를 혼자 내버려두었다. 어머니는 늘 일해야 한다고 믿었고, 아플 때 할 수 있는 일은 병세를 호전시키는 것뿐이며, 그 일은 당사자인 우리만 할 수 있다고 생각했다.

성인이 된 나는 좀처럼 병에 걸리지 않았으며, 어쩌다가 아프게 되어도 상태가 호전될 때까지 혼자 있기를 원했다. 주변 사람들에게도 같은 방식으로 대했다. 사람들 중 일부는 나와 다른 방식으로 자라서 이러한 내 태도를 몹시 섭섭하게 생각했다. 지금 생각해 보면 나는 상당히 매정했다. 불친절하게 보일 정도로 칼같은 내 사고

방식은 어린 시절의 경험에서 비롯된 것이었다.

"너의 할 일은 병을 낫게 하는 거야. 겁쟁이가 되지 마. 아픈 것 때문에 어떠한 보상을 받아서는 안 돼. 그렇게 되면 너는 습관처럼 아플 거고, 다른 사람들의 도움과 관심을 당연하게 여길 거야."

부인의 병세가 악화되었을 때, 솔직히 나는 고민이 되었다. 부인을 보살피는 동시에 모든 집안일을 할 수 있을까. 이제 생각하면 부끄러운 일이지만, 내가 자란 가정에서는 직장에 다니며 돈을 버는 일 외에 음식을 만들어서 부인에게 먹여주고, 공과금 납부 같은 다른 의무들을 행하는 것이 고민될 법한 일이었다. 이런 생각을 하면서도 나는 혼자 화장실에 가지 못하는 부인을 옮겨주기 위해 한밤중에 깊은 잠에서 깨어났다. 부인이 토하거나, 음식·음료를 떨어뜨리면 그 자리를 청소했다. 병세가 호전되지 않을 거라고 낙담하는 부인을 달래주었으며, 몸이 아파 괴로워할 때면 위로해 주었다.

이러한 과정을 거친 후, 나는 봉사하는 자세로 임할 때 모든 일에 기꺼이 사랑을 담을 수 있다는 사실을 알게 되었다. 이 일은 사랑과 친절을 베푸는 훈련이 되었으니 결국 부인에게 봉사할수록 이득이었다. 또 부인과 가정을 보살피는 일은 나의 당연한 의무였다. 나는 사랑하는 사람이 고통스러워할 때 도움을 줄 수 있어서 너무나 감사했다. 내가 "자신과 유년기를 뛰어넘었다"라고 말할 수 있게 된 것이다.

봉사라는 것은 종종 베푸는 사람이 받는 사람보다 더 많은 것을 얻는 역설적인 효과가 있다. 그렇다고 개인적인 이득이 동기가 되면 봉사할 수 없다. 봉사라는 것은 순수하게 이타적인 마음을 가지고 행해야 한다. 그래야만 완전한 자기 보상을 받을 수 있다.

연습 2 : 봉사하라

반복되는 문제로 힘들다면 도움과 관심이 필요한 사람, 단체에 봉사할 계획을 세워라. 그리고 예전이라면 문제에 쏟았을 시간을 봉사하는 데 사용해 보라.

신념이란

용기란 오고 가는 폭풍우를 바라보는 우뚝 솟은 떡갈나무가 아니라 눈 속에 피는 연약한 한 송이 꽃이다.

- 앨리스 매켄지 스웨인 Alice Mackenzie Swain

시인 데이비드 화이트 David Whyte 는 "신념이란 지금의 어둠이 지나가고 다시 빛이 비치리라는 믿음을 가지는 것"이라고 말했다. 그리고 "달이 이울어 밤이 더 어두워진다고 해서 삶을 포기한다면 얼마나 어리석은 일이겠는가"라며 농담하듯 말했다. 그건 마치 우리를 깨우는 친구에게 "미안하지만 나는 달이 이우는 동안에는 아무것도 하지 않을 거야. 우리는 달이 다시 차오르기를 기다려야만 해"라고 말하는 것과 같다면서 말이다. 이렇듯 신념이란 '상황이 어둡게만 보이더라도 영원히 길을 잃어버리지는 않을 것'이라는 믿음이다. 따라서 신념을 지닌다는 것은 지금 처한 어려운 상황을 헤쳐 나가겠다고 자신과 약속했다는 것을 의미한다.

영화 〈인디아나 존스: 최후의 성전Indiana Jones and the Last Crusade〉에서 주인공 인디아나 존스는 고대 안내서를 따라 성배를 찾는다. 안내서가 알려주는 길에는 갖은 수수께끼와 위험이 도사리고 있지만 대개 영화 주인공들이 그렇듯 그도 가까스로 죽음을 모면하고 모든 함정에서 빠져나온다. 하지만 마지막 관문에 이르렀을 때, 뛰어서 건널 수 없는 협곡 너머에 성배가 있다는 사실을 알게 된다. 협곡의 깊이는 가늠조차 할 수 없다. 하지만 고대 안내서에는 신념을 갖고 성배를 향해 걸어간다면 신이 그를 보우할 것이라고 적혀 있었다. 인디아나 존스는 협곡을 건너는 일만큼은 도저히 할 수 없었지만 성배 없이 돌아갈 수도 없는 노릇이었다. 그는 눈을 딱 감고 한 발을 들어 앞으로 내디뎌 보았다. 놀랍게도 그는 협곡 아래로 떨어지지 않았다. 무사히 협곡을 건너온 인디아나 존스는 조약돌을 몇 개 집어 자신이 지나온 텅 빈 공간에 던져본다. 조약돌은 착시 효과 때문에 보이지 않던 다리 위에 떨어졌다. 결국 인디아나 존스는 성배를 손에 넣는다.

신념이란 절망 속에서 협곡 사이로 발걸음을 내딛는 일과 같다. 어떤 일이든 결국 끝이 있다는 믿음 또한 신념을 나타내는데 "이 또한 지나가리"라는 오래된 격언에서도 같은 의미를 찾을 수 있다. 글래디스 테이버Gladys Taber는 《고요한 초원길Still meadow Road》에서 이렇게 말했다.

나는 사람에게도 저마다의 계절이 있다고 생각한다. 문제가 일으키는 차가운 바람, 가슴을 파고드는 거센 폭풍우를 견디며 봄이 오기를 묵묵히 기다릴 줄 아는 사람에게는 흔들리지 않는 무엇이 있다.

연습 3 : 신념에 접속하라

모든 것이 절망적으로 보이고, 나쁜 일이 생겨 상황이 안 좋게 흘러갔지만, 생각했던 것보다 좋게 해결되었던 문제를 떠올려 보라. 당신이 그 문제를 잘 해결했을 수도 있고, 생각했던 만큼 최악의 문제가 아니었을 수도 있다. 혹은 상황이 끔찍했지만 당신이 무언가를 배워 결과적으로는 득이 되는 방향으로 일이 전개되었기 때문인지도 모른다.

과거의 경험을 상기하라. 그리고 당신에게 닥친 문제 상황이 무엇이든 신념을 키우도록 노력하라.

방법 3 요약: 연민, 봉사 정신, 신념을 키워라

자신과 타인에 관한 연민을 불러일으키고, 그것에 접속하라. 순수하게 이타적으로 봉사하며, 어려운 시간을 헤쳐 나가겠다는 신념을 지켜라.

해결 열쇠 7 : 문제를 초월하고 해결하기 위해 영성을 이용하라

방법 1: 영성으로 가는 통로를 발견하라

통로 1: 내면 깊숙이 숨겨진 자아, 즉 영혼에 접속하라

통로 2: 신체를 통해 영혼에 접속하라

통로 3: 타인에게 접속하라

통로 4: 공동체에 접속하고 세계에 기여하라

통로 5: 지구 혹은 자연에 접속하라

통로 6: 예술 작품 만들기나 감상에 참여하라

통로 7: 신 혹은 절대자에게 접속하라

방법 2: 과거, 현재, 미래를 이용해 영성에 접속하라

과거의 영적 경험을 상기하라

현재의 영적 자원과 해결책을 인지하라

미래의 영적 희망, 목적을 만들라

방법 3: 연민, 봉사 정신, 신념을 키워라

3부

해결 지향적 접근법 구체적으로 적용하기

: 마음만 먹으면
행위들은 얼마든지
바꿀 수 있다

9장부터 12장까지는 해결 지향적 접근법을
인생의 특정 영역, 즉 인간관계와 성관계,
현재 해결하지 못한 사안 등에
적용하는 방법을 알려주겠다.

어느 신데렐라의 동반의존증

: 해결 지향적 관계

우리가 관계에서 비난할 대상은 서로라는 단 한 사람뿐이다.

—베리 베크Barry Beck, 뉴욕레인저스New York Rangers 소속

어느 모임에 참석한 한 여성이 손님들 중에 심리 치료사가 있다는 소식을 들었다. 여성은 심리 치료사에게 자신의 결혼 문제들을 털어놓았다.

"그 사람은 알코올의존증 환자인 데다 여성을 매우 싫어해요. 그런데 저는 알코올의존증 환자가 있는 집안에서 자라서 그런지 동반의존증이 있거든요. 어린 시절 부모에게 충분히 사랑받지 못해서 자존감이 낮은 편이에요. 저는 쓸모없는 사람이지만 상대를 도우면 쓸모 있는 사람이 된 것 같은 기분이 들어요. 그래서 남편의 알코올의존증을 완치시키려고 노력하면서도 남편이 정상적으로 생활하게 되면 제 역할이 없어질까 봐 두려워요. 우린 항상 싸운답니다. 당

신이 생각하기에 우리 부부에게 도움이 될 만한 방법이 있나요?"

여성은 서점의 심리학 섹션에 나열된 책 제목들처럼 문제를 장황하게 설명했다. 치료사는 이 설명에 압도되어 그저 미소를 짓다가 대답했다.

"저는 《책을 너무 많이 읽은 여성들》이라는 책을 집필할 계획이랍니다."

여성은 크게 웃으며 말했다.

"저는 그 책도 꼭 읽을 것 같군요!"

인간관계 문제의 근원인
분석, 비판, 모호하게 말하기

관계에 문제가 생기면 우리는 문제를 분석하려는 경향이 있다. 하지만 불행하게도 그러한 분석은 보통 상대에게 문제가 있다는 식으로 매듭지어진다. 결국 상호 비난, 비판, 오해의 굴레를 야기한다.

나는 결혼과 가족 문제 치료를 전공해서 그동안 결혼 상담을 많이 해왔다. 그중 《여성을 미워하는 남성, 그 남성을 사랑하는 여성Men Who hate Women and the Women Who Love Them》이라는 책이 처음 출간되었을 때가 똑똑히 기억난다. 당시 내 상담실을 방문한 부부들은 으레 그 책 이야기를 꺼내곤 했다. 부인은 그 책에서 말하는 관계가 딱 자신들이라며 매우 놀라워했고, 사실적인 책이라고 말했다. 그러고는 남편에게 문제의 원인을 깨닫게 해주기 위해 그 책을 읽게 하거나 내용을 들려주었다. 예상한 대로 남편은 그 책을 읽었다고 해서 변하지 않았다. 그들은 대체로 책을 비웃고 무시했다. 오히려 화를 내는 남편도 있었다. 결국 부인은 자기가 내린 진단, 즉 '여성을 미워하는 남성'이라는 설을 더 확신하게 되었다. 그러는 동안 그들의 관계는 한 단계 더 악화되곤 했다.

이전 장들에서 살펴보았듯, 관계에서 발생한 어려움을 해소하기 위해 원인을 분석할 경우 대부분 해결책을 찾아내지 못한다. 분석은 무엇이 문제인지를 짚어주고 설명해 줄 수는 있지만 사랑의 감정을 다시 느끼게 하거나 친밀감을 되살려 주지 못하며, 둘 사이의 만성적인 논쟁도 해소해 주지 않는다. 다시 말해 당신과 연인이 어느 행성에서 왔는가를 밝히는 것은 지구에서 100퍼센트 통하는 방법이 아니다.

그런 의미에서 해결 지향적 접근법은 이전 치료법들과 다르다. 당신은 이 원리를 연애, 성관계, 가족 관계, 직장 생활, 사업, 친구 등에 두루 적용할 수 있다.

다시 생각해 보기

24년간 결혼 상담을 해온 내가 상담 현장에서 목격해 온 바를 토대로 한 가지 조언을 하자면, 결혼 생활과 연인 관계에서 발생하는 불화는 피할 수 있다. 잠시 멈추어 상대의 감정과 관점을 인정해 주면 된다. 그 사람에게 전적으로 동의하거나 그가 옳았다고 인정하라는 게 아니다. 당신이 상대를 이해하고 있으며, 상대의 의견을 묵살할 의사가 없다는 사실을 알리기만 하면 된다.

한 연인이 전화로 상담을 요청했다. 나는 이 남성을 이전에도 본 적이 있었다. 남성은 개인 상담은 물론 과거 다른 여자 친구와 커플 상담도 받았다. 남성과 이번 여자 친구는 약혼을 했다. 하지만 남성은 결혼 날짜를 잡기가 두려워 이를 미루고 있었다. 남성이 확신을 주지 않자 여자 친구도 부정적인 반응을 보여서 악순환이 시작되려는 상황이었다. 나는 남성의 이전 관계에서도 이런 패턴을 보았기 때문에 이번에는 다른 방법을 처방하기로 했다. 개인 상담에서 남성은 현재 여자 친구를 정말 사랑하며 결혼하고 싶다고 했다. 나는 남성을 상담실에서 내보내고 여자 친구에게 들어오라고 했다. 나는 여성에게 당신의 파트너가 이 결혼에 확신을 갖지 못하고 있다고 말했다. 그러므로 당신이 자신 있고 안정적인 태도로 남자 친구의 두려움과 불안정함을 포용해 준다면 큰 도움이 될 것이라고 조언했다. 여성이 할 일은 남자 친구의 두려움을 들어주고 이해해 주는 것이었다. 괜한 반응을 보일 필요도 없었다. 여성은 남자 친구가 이 관계를 진지하게 여기지 않거나 끝낼 생각만 아니라면 관계를 안정시키기 위해 자신의 몫을 다하는 일은 어렵지 않다고 대답했다.

이런 간단한 상담 후, 여성은 남성이 불안해하는 모습을 보여도 미래에 관한 더 큰 그림을 그릴 수 있게 되었다. 자연히 전처럼 성난 반응도 보이지 않게 되었다. 둘의 좋은 관계를 위해 초조함을 초월한 것이다. 남성은 이후로도 몇 번 두려워하는 모습을 보였지만 그때마다 여성은 그의 불안과 두려움을 들어주고, 평온함을 유지하려 노력했다. 그 결과 남성은 두려움이 사라져 갔고, 그들은 결혼 날짜를 잡을 수 있었다. 6년이 지난 지금 둘은 행복한 결혼 생활을 유지하고 있다.

가끔 아무런 판단이나 논박 없이 누군가의 말을 들어보라. 그러면 그들의 경험이나 말이 나에게 아무런 문제가 되지 않는다는 사실을 발견할 것이다. 지금껏 당신은 상대의 말과 행동에 다른 의미를 투영했다. 반대로 상대가 당신의 이야기와 행동에 어떠한 결론을 내리면 감정적으로 대응했다.

톰Tom과 존John이 야구장에서 나눈 대화를 보자. 두 사람의 대화는 상대의 말을 경청하지 않고 자기식대로 해석해서 화부터 내는 우리의 모습을 잘 보여준다. 둘은 야구장에 같이 다니는 친구다. 어느 날 톰이 말했다.

"왜 우리는 항상 야구 경기를 보러 갈까? 경기를 너무 많이 봐서 이제 싫증이 나려고 해."

존은 기분이 상했다. 존은 발끈해서 말했다.

"나와 경기를 보고 싶지 않다면 다른 사람을 찾을게."

톰은 존이 화를 내는 것을 보고 당황했다. 톰이 말했다.

"물론 너는 다른 상대를 찾을 수 있을 거야. 나는 그저 경기를 보는 동안 우리가 충분히 대화할 기회가 없다고 생각했어. 사실 요즈음 집에 문제가 좀 있거든. 그래서 그 이야기를 하고 싶었는데 경기장에 사람이 너무 많고, 누가 엿들을까 봐 말을 꺼낼 수가 없었어. 너도 경기에 집중하고 있어서 방해가 될 것 같았고."

존은 톰이 자신과 시간을 보내고 싶어 하지 않는다고 생각했다. 하지만 톰이 자신과 대화를 하고 싶어 한다는 사실을 알게 되자 존은 마음을 풀었다. 그는 친구가 말하는 것을 자기식대로 들었을 뿐 이해하려 하지 않은 것이다.

때로는 상대를 있는 그대로 인정한다 해도 메시지를 이해하지 못할 수 있다. 당신이 상대의 이야기에 귀를 기울이고, 그가 정신적으로 이상이 있거나 나쁜 사람이 아니라고 인정한 후에도 마찬가지일 것이다. 대화는 이렇게 한다고 해서 수월히 이루어지지 않는다. 그러나 이렇게 인정하고 나면 적어도 상대가 내 말을 듣지 않는다는 문제로 싸움이 번지는 것을 막을 수 있다.

따라서 어떠한 경우든 상대가 틀렸다고 입증하려 들지 않는 것이 가장 중요하다. 어떠한 경우든 상대의 방식이나 생각이 잘못되었으며 타당하지 않다는 뜻을 내비치지 말라. 그렇게 행동한다면 상대는 십중팔구 골치 아픈 반응을 보일 것이다.

그레이스Grace는 한 하이테크 회사의 소프트웨어 디자이너다. 그레이스는 새 상품에 관해 회의하던 중 아이디어를 냈다. 그런데 그의 상사가 크게 웃으며 이렇게 말했다.

"이 환상 속 내 히트작에 누가 돈을 대주지? 그레이스, 당신이 내겠어?"

그레이스는 무시와 조롱에 화가 났고, 헤드헌터에게 전화를 걸어 직장을 옮겼다. 그레이스는 새 직장에서 그 아이디어를 진행했으며, 시장에서 상당히 좋은 평을 얻었다.

가만 생각해 보면 이러한 원리는 다른 상호 관계에서도 성공적으로 이용된 사례가 많다. 좋은 서비스의 기본은 고객들의 불만을 인정하는 것이며, 좋은 친구 관계의 기본은 상대의 말을 사견 없이 들어주는 것이다. 조직은 모두의 감정과 관점이 허용되고, 서로가 하는 말을 들어줄 때 가장 잘 돌아간다. 그런데 당신은 이 원리를 인생의 한 부분에만 적용하곤 한다. 예를 들어 당신은 이 원리를 직장에서 잘 적용하지만 가정에서는 그러지 못할지도 모른다.

타인과 성공적인 관계를 맺기 위한 첫 번째 단계는 인정하는 것, 다른 사람들의 이야기를 정중하게 들어주는 것이다. 다음 단계는 자신을 상대에게 맞추고, 다르게 행동하는 법을 배우는 것이다. 대부분의 사람은 이 단계를 가장 어려워한다. 이제부터 당신이 원하는 변화를 비난이나 오해 없이 상대에게 말할 수 있는 간단한 기술들을 알려주겠다.

인간관계 문제의 해독제, 행동 대화법

어느 날 당신이 출근하자마자 직장 상사가 이렇게 말했다고 가정해 보자.

"당신은 제멋대로군요. 당신의 사고방식도 마음에 들지 않아요. 그 사고방식을 고치지 않는다면 당신을 해고하겠어요."

아마 당신은 충격을 받겠지만 그렇다고 해서 상사가 말한 사고방식을 고치지는 않을 것이다. 자신의 사고방식이 나쁘지 않다고 생각하는 경우에는 더더욱 그렇다. 당신은 상사의 지시를 따르는 대신 동료나 친구에게 이를 불평하거나, 가족들에게 전화를 걸어 자신의 상사가 얼마나 부당한 짓을 했으며, 이 직장이 얼마나 끔찍한지만 토로할 것이다.

하지만 당신의 상사가 이렇게 말했다고 가정해 보자.

"출근 시간은 오전 9시인데 요 며칠 당신은 9시 반에 출근했군요. 다음 달부터 한 번이라도 9시 5분에 출근한다면 당신을 해고하겠어요."

이런 경우에는 상황이 상당히 달라진다. 물론 상사가 한 말이 당신의 마음에 들지 않을 수도 있지만 최소한 직장 생활을 유지하기 위해서 해야 할 일이 무엇인지는 알게 되었다.

이렇듯 행동 대화법을 사용하면 상대가 무엇 때문에 불만스러워하고, 그것을 어떻게 바꿀지를 쉽게 알 수 있다. 행동 대화법이란 상대가 행동한 것, 하고 있는 것, 앞으로 해주기를 바라는 것을 전부 설명해 준다. 이 대화법은 대인관계에서 일어나는 전형적인 의사소통 문제, 즉 비난과 모호성을 피하게 해준다.

비난은 보통 상대가 가진 나쁜 점이나 나쁜 의도에 초점을 맞춘다. 하지만 불행하게도 자질이나 의도는 바꾸기 어렵다. 성격 개조라도 할 것인가? 마음속에서 일어나는 의도들을 어떻게 바꾼단 말인가?

당신이 남편이나 남자 친구에게 "당신은 선입견을 갖고 사람을 대하는 것 같아"라고 말했다고 가정해 보자. 그들이 그걸 인정한다고 해도 그 사실을 바꾸기 위해 어떤 일을 할 수 있겠는가? 그보다는 그들의 특정 행동을 바꾸게 하는 편이 훨씬 쉽다. 예를 들어 당신에게 함부로 말하지 말아달라고 이야기할 수 있다. 이렇게 분명한 요구라면 상대는 다르게 행동할 수 있다.

또 딸이 나쁜 사고방식을 가졌다고 가정해 보자. 딸이 이 사실을 인정한다고 해도 자신의 사고방식을 어떻게 바꿔야 할지 알 수 없을 것이다.

사고방식 자체는 바꾸기 어렵다. 반면 듣기 싫은 말을 들은 후에 문을 쾅 닫는다든가, 귀가 시간을 어긴다든가 하는 행위들은 마음만 먹으면 얼마든지 바꿀 수 있다.

같은 말이라도 서로 다르게 이해하거나 정의하게 되는 모호성 역시 문제를 불러일으킨다. 실제로 타인과 갈등을 빚는 경우, 대부분은 사용하는 언어의 기준이 다르기 때문이다. 게다가 다투어서 신경이 날카로워진 순간에는 상대의 말을 비판적으로, 반감을 갖고 듣게 마련이다. 따라서 "당신은 너무 무뚝뚝해", "당신은 당신 어머니와 똑같아", "당신은 너무 예민해" 같은 대화 방식은 문제 해결에 전혀 도움이 안 된다. "우리는 소통이 되지 않아"라고 말하는 것 역시 더 나은 소통을 이끌어 내지 못한다.

하지만 상대의 행동을 직접 묘사하는 행동 대화법을 사용한다면 상대의 내적 자질이나 의도를 공격하지 않기 때문에 서로를 비난하고 오해할 확률도 낮아진다. 이 행동 대화법을 해결 열쇠 8번에서 자세히 알아보겠다.

해결 열쇠 8 : 행동 대화법을 사용해 대인관계 문제를 해결하라

행동 대화법을 사용해 대인관계 문제를 해결하라. 이 방법을 배우자, 가족, 친구, 직장 동료에게 두루 사용할 수 있도록 몇 가지로 나누어 설명하겠다.

행동 대화법 1 : 불만을 말하라

행동 대화법을 위한 첫걸음은 상대의 어떠한 행동들에 당신이 불만을 느끼는지 정확하게 말하는 것이다. 나는 이러한 대화 방식을 '불만 말하기'라고 부른다. 상대의 내적 자질이나 그렇게 행동한 이유에 집중하지 말고, 당신이 어떤 행동 때문에 기분이 상했는지를 이야기하라.

행동 대화법 2 : 요구 사항을 말하라

다음은 '요구 사항 말하기'다. 상대의 행동에 불평하는 대신 앞으로 어떻게 행동해 주기를 바라는지 말해보자. 상대에게 "나는 당신의 태도가 마음에 들지 않아"라고 말하기보다 "가끔은 내가 차를 몰고 싶어", "내가 말을 마치기 전에 끼어들지 않았으면 좋겠어"라고 말하는 편이 결과적으로 훨씬 낫다. 자녀에게는 "너는 왜 이렇게 게으르니! 나를 네 종이라고 생각하는 거야?"라고 말하는 대신 "식사를 마치면 그릇들을 싱크대에 가져다 놓으면 좋겠구나"라고 말할 수 있다. 직장에서 갑작스럽게 초과 근무를 요청받았을 때는 "이곳은 늘 비상 경영 체제로 돌아가는 것 같아! 정말 지긋지긋해!"라고 말하기보다 "초과 근무는 최소한 24시간 전에 요청해 주셨으면 좋겠습니다. 그래야 저도 일정을 조절할 수 있거든요"라고 요구할 수 있다.

이혼까지 생각할 정도로 관계가 틀어진 한 부부가 결혼 생활을 상담하기 위해 찾아왔다. 남편 제임스James는 알코올의존증에 빠졌다가 1년 전부터 술을 끊고 회복 중이었다. 부인 샌디Sandy는 술을 끊었으니 제임스가 변할 거라고 기대했다. 하지만 제임스는 이전과 마찬가지로 자신 외 누구도 신경 쓰지 않았다. 결국 샌디는 알코올의존증이 문제가 아니라 제임스가 냉담하고 이기적인 사람이라고 결론지어 버렸다.

"남편은 술을 마시지 않는 대신 늘 일을 하거나 매일 밤 알코올의존증환자갱생회 모임에 참석해요. 가족들과는 절대 시간을 보내지 않죠."

샌디는 남편에게 너무나 실망해 상담 전날 밤에 결국 이혼 이야기를 꺼냈다. 제임스는 알코올의존증에 빠졌을 때나 술을 끊은 이후에도 자신만 생각하며 살았다는 점을 인정했다. 다만 자신이 바뀔 수 있으며 이혼을 재고해 준다면 그러한 점을 고치겠다고 맹세했다. 샌디는 제임스의 맹세를 믿어보기로 하고 다시 한번 기회를 주기로 했다.

하지만 2주 후에 두 사람은 더 낙담했다. 제임스는 샌디와 자녀들을 위해 행동을 많이 바꾸었다고 생각했지만 샌디는 어떠한 변화도 느끼지 못했노라고 했다. 그래서 나는 제임스에게 냉담하고, 이기적이며, 자기만 생각하는 사람이 아니라는 것을 보여주기 위해 샌디에게 무엇을 해주었는지 물었다.

"많은 것들이요. 하지만 샌디는 전혀 알아주지 않았어요."

나는 예를 하나 들어달라고 했다.

"어제는 샌디가 일을 마치고 장바구니를 안고 들어오더군요. 저는 읽고 있던 신문을 내려놓고 현관에 나가 샌디를 맞이했어요. 샌디에게서 장바구니를 받아 물건들을 찬장과 냉장고에 넣었지요. 저녁에는 그 채소들을 가지고 요리도 했어요."

나는 그의 노력이 꽤 가상하다고 생각했다. 하지만 샌디는 즉시 제임스의 잘못을 시적했다.

"장바구니를 들어주고 요리해 줄 사람이 필요했다면 가사도우미를 고용했을 거예요. 난 남편을 원한다고요! 나를 신경 써주고, 다정한 말을 건네고, 내 이야기를 들어주는 사람이요!”

얼마간의 대화가 오간 후 나는 샌디에게 물었다.

“어젯밤 남편이 어떻게 행동해 주기를 원했나요?”

샌디는 남편이 단 15분만이라도 하루가 어땠는지 물어봐 주고, 대답을 주의 깊게 들어주기를 원했다고 답했다. 샌디가 말하기를, 남편은 매일 밤 그의 일과와 문제에 관해 한 시간이나 떠들어대면서도 정작 부인이 하루를 어떻게 보냈는지는 물어보지 않았다고 했다. 몇 년 전에 오늘 하루가 어땠는지 딱 한 번 물어봐 주기에 끔찍했던 하루에 관해 30분가량 하소연했더니 다시는 그런 질문을 하지 않았다는 것이다.

제임스는 이에 동의하지 않았다. 하지만 앞으로 2주간, 주중 저녁에는 샌디가 하루를 어떻게 보냈는지 15분 동안 들어주기로 했다. 샌디가 주중 저녁에만 이야기를 들어달라고 한 이유는 남편이 정말 약속을 지킬지 회의적이었기 때문이었다. 하지만 남편은 약속을 이행했다. 물론 이것이 결혼 생활의 모든 문제를 해결해 주지는 않았지만 남편이 변할 수 있다는 의식을 샌디에게 심어주었다. 그들은 남은 문제를 해결하기 위해 더 노력하게 되었다.

요구 사항 말하기를 더욱 성공적으로 만들어 주는 몇 가지 방법이 더 있다. 상대에게 원하는 행동을 구체적으로 말하는 것뿐 아니라 그러한 행동들을 언제, 얼마나 자주 해주기를 바라는지 이야기하는 것이다. “나랑 외식을 더 자주 했으면 좋겠어”보다 “최소한 한

달에 세 번 이상 나랑 외식해 주면 좋겠어”라고 말하는 편이 원하는
결과를 얻을 확률이 높다.

어떤 상황에서 누가 어떤 행동을 해야 할지 구체적으로 알려주는
것 역시 때로는 중요하다. 위의 상황에서 당신과 상대는 한 달에 세
번 정도 외식하는 것에 동의했지만 누가 전화를 걸어 식당을 예약
할 것인가, 아기를 맡길 곳은 누가 알아볼 것인가, 누가 계산을 할
것이며 어느 음식점으로 갈 것인가 같은 문제는 아직 미정 상태다.
따라서 이와 같은 구체적인 부분도 미리 말해두는 편이 좋다.

또 한 부부가 결혼 문제를 상담하기 위해 나를 찾아왔다. 부인은
남편이 자신을 존중하지 않는다며 불만을 토로했다. 하지만 남편은
이 말에 동의하지 않았다. 남편은 자신이 부인을 존중하고 있다고
믿었다. 나는 불만 말하기 대화법을 적용했다. 나는 부인에게 근래
어떤 점에서 남편에게 존중받지 못한다고 느꼈는지 예를 들어달라
고 부탁했다. 그러자 부인은 몇 주 전 어느 파티에 참석했고, 자신이
여러 사람 앞에서 정치적 의견을 말하자 남편이 코웃음을 쳤다고
말했다.

부인이 무엇을 원하는지가 분명해졌다. 부인은 자신이 의견을 말
할 때 남편이 코웃음을 치지 않기를 원했다. 이와 비슷한 상황에서
남편이 부인을 존중하고 있다는 사실을 능동적으로 보여주려면 무
엇을 더 할 수 있을까? 여기서부터 요구 사항 말하기 대화법이 사용
된다. 부인은 자신이 말을 끝내면 남편이 자신을 감싸안고 손을 잡
아주길 원했다. 그리고 다른 사람에게 자신을 소개해 주기를 바란

다고 했다.

"이렇게 하면 제가 부인이라는 사실을 남편이 부끄러워하지 않는다는 뜻이니까요."

부인은 이런 식이라면 존중받는다고 느낄 거라고 생각했다. 설령 남편이 실제로는 부인의 의견에 동의하지 않는다 해도 말이다.

행동 대화법 3: 칭찬하라

우리가 관계에서의 문제를 해소하는 데 어떤 것이 효과를 발휘했는지를 중점적으로 다루지 않는다면 이번 장을 '해결 지향적 장'이라고 말할 수 없을 것이다.

'칭찬하기'는 세 번째 행동 대화법으로, 상대가 한 행동들에 당신이 고마워하고 있다는 사실을 표현하는 것이다. 이 대화법을 쓰면 당신이 상대의 어떤 행동에 호감을 느끼는지를 분명하게 설명할 수 있다. 예를 들어 "당신이 점심시간에 전화를 걸어주어서 좋았어요. 당신이 혼자 있을 때도 나를 생각하고 있다고 느껴서 사랑받는 기분이 들었거든요"라고 말하면 된다.

이때 구체적으로 말하는 것이 중요하다. 이로써 상대는 당신이 어떤 행동에 좋은 점수를 주는지 명확하게 이해하고, 이후 더 좋은 행동을 하게 된다.

틀에 박힌 인생은 면적만 다른 무덤일 뿐
: 관계의 패턴을 바꿔라

몇 년 전 나는 윌리엄 J. 레더러William J. Lederer와 돈 D. 잭슨Don D. Jackson이 함께 쓴 《결혼 생활의 신기루The Mirages of Marriage》라는 책을 읽었다. 이 책에서 저자는 관계의 새로운 본질을 포착하고 '3미터짜리 막대기'라고 부르는 관계 패턴을 논했다. 한 사람이 행동이나 언어를 이용해 "나는 당신과 더 많은 시간을 공유하고 싶고, 당신이 더 많이 헌신해 주길 원해"라는 의견을 상대에게 전달하면, 상대는 물러서며 "나는 나만의 시간이 더 필요해. 그런 관계는 부담스럽고, 무언가에 쫓기는 기분이야"라는 뜻을 몸짓이나 말로 전달하는 패턴이다. 이때 원인을 물으면 어느 쪽이든 상대에게 문제가 있다고 대답한다. 상대를 쫓는 사람은 상대가 헌신을 모르며, 누군가와 친밀하게 지내지 못하는 문제가 있다고 지적한다. 도망가는 사람은 상대가 안정적이지 못하고, 종속적이며, 혼자이기를 두려워한다고 생각한다. 하지만 그들의 대화를 객관적으로 보면 서로가 그러한 반응을 유발하고 있다는 사실을 알 수 있다. 그들 사이에는 보이지 않는 3미터짜리 막대기가 있어서 한 사람이 도망가려 하면 다른 사람은 그만큼 따라간다. 시간이 흐르면 그러한 패턴이 굳어져서 반복된다.

이는 관계라는 시스템의 본질이다. 누구도 완벽하게 독립적이지 않다. 우리는 주변과 연결되어 서로 반응하는 존재다. 이러한 시스템의 좋은 점은 관계에서 문제가 발생했을 때 전적으로 한 사람만 탓할 수 없다는 것이다. 둘 중 어느 한 사람만이라도 다르게 행동한 다면 새로운 시스템이나 패턴을 만들 수 있기 때문이다. 예를 들어 보자. 3미터짜리 막대기 패턴을 보이는 커플에서 상대와 거리를 두 려는 사람이 더는 도망치지 않고 더 가까워지려고 한다면, 다가가 려고만 하던 사람은 상대를 절실하게 쫓을 필요가 없다. 만약 의견 이 충돌할 때마다 목소리부터 커지는 버릇이 있다면 한번 목소리를 부드럽게 내보라. 그리고 어떤 일이 일어나는지 보라. 상대가 평소 와는 다른 반응을 보이지 않는가?

이것이 바로 나의 조언이다. 누군가와의 관계에서 원치 않는 일 이 발생하면 파트너, 친구, 직장 동료, 부모 등 상대를 분석하려 하 지 말고 그냥 다르게 행동해 보라. 당신의 패턴을 바꾸고 상대가 어 떻게 달라지는지 보라. 무언가를 바꾸기 위해 두 사람이 함께 전념 하는 이상적인 경우라면 당신이 목표로 하던 패턴 깨기를 함께해 나갈 수도 있다. 그렇지 않은 경우라도 한쪽이 패턴을 바꾸면 대부 분의 경우 관계 전체의 패턴이 변한다.

만약 당신이 주로 침실에서 논쟁을 하는 편이라면 도서관에 가서 종이를 주고받으며 대화해 보라. 보통 저녁 뉴스를 보면서 잠든다 면 볼링을 치러 가거나 클럽에 가보라. 평소와 전혀 다른 행동을 함 으로써 틀에 박힌 일상을 허물어라. 하던 대로만 계속 행동한다면 보통 때와 같은 반응, 결과물만을 얻을 것이다.

1. 상대의 감정과 관점을 인정하고 받아들여라

2. 상대를 이해하고 받아들인 후에는 서로의 행동에 관해 대화하라

서로의 어떠한 행동들을 사랑스럽고 친근하게 느꼈는지, 혹은 어떠한 행동들이 그 반대 느낌을 주는지 이야기하라.

3. 문제가 되는 행동 패턴을 인지하고 이를 바꾸는 법을 배워라

만약 같은 행동을 반복하는 와중에 계속 문제가 발생한다면 진짜 문제는 행동 패턴 그 자체다. 무언가를 다르게 행동하라. 효과를 보았던 행동이 있다면 그것을 반복하라. 언뜻 보기에는 쉬울 것 같지만 틀에 박힌 생활 속에서는 이러한 것들이 보이지 않는 경우가 많다.

관계 구제하기 : 위기에 처한 관계를 구하는 아홉 가지 방법

얼마 전 나는 대체의학에서 쓰는 꽃으로 만든 구급 향유를 하나 선물받았다. 대체의학 종사자들은 감정적으로나 신체적으로 문제가 있을 때 이 향을 쓰면 치료에 도움이 된다고 믿는다. 나는 위기나 난관에 처한 관계를 위한 구급약도 있으면 좋겠다고 생각했다. 이번 방법들은 구급약처럼 쓰일 수 있게 구성했다. 이 방법들을 따르면 당신이 맺고 있는 관계에서 위기나 난관을 빠르게 해소할 수 있을 것이다. 다음 중 공감이 가고 효과가 있는 방법을 골라 사용하라.

관계 구제하기 방법 1
: 갈등을 야기하는 패턴이나 스타일을 바꿔라

논쟁 중에 목소리가 커진다면 목소리를 부드럽게 해보자. 갈등이 생겼을 때 도망치거나 회피하는 습관이 있다면 그 자리에 그대로 있어보자. 평소 논쟁할 때 깐깐하고 공격적으로 당신의 관점을 말해왔다면 이번에는 문제에 관해 느끼는 감정을 이야기하고 상황이 어떻게 흘러가나 보자. 그동안 상대가 논박하는 것을 방해했다면 상대의 말이 끝날 때까지 들은 후, 당신이 이해한 것을 상대에게 들려주며 정말 그 뜻이었는지 확인하자. 논쟁 중에 손가락질을 하는 편이라면 손을 내려놓고 주먹을 쥐어보자. 평소 사용하던 표현 방식을 바꿔볼 수도 있다. 글을 써보거나, 하고 싶은 말을 녹음해 다른 방에서 들어보게 하자.

논쟁 패턴이나 스타일에 변화를 주고 싶다면 장소나 시기를 바꾸어 보자. 거실에서 논쟁하는 대신 차의 앞자리나 음식점에 가서 논쟁을 해볼 수 있다. 보통 늦은 밤에 논쟁을 한다면 다음 날 저녁에 약속을 잡고 그때 다시 논쟁해 보는 것도 괜찮다. 혹은 주방 타이머를 이용해 10분마다 논쟁을 중단하고 잠시 떨어져 침묵할 수도 있다. 위에서 말한 방법 중 무엇이든 좋다. 당신과 상대가 멈추자고 하거나 문제가 해소될 때까지 그 패턴을 계속해 보자.

관계 구제하기 방법 2
: 쫓는 자와 쫓기는 자의 패턴을 깨라

이 방법은 1번을 변형한 것으로 조금 더 구체적이다. 대부분의 커플은 의견이 충돌할 때는 물론이고, 평소에도 한 명은 상대를 쫓고, 다른 한 명은 상대에게 쫓기는 전형적인 패턴에 빠져 있다. 당신의 어떤 행동이 문제를 유발하는지 알아내라. 만약 상대를 쫓는 경향의 사람이라면 그 자리에 머물러라. 쫓기는 쪽이라면 그 반대로 스타일을 바꿔라. 당신과 상대가 함께 변화를 만들 수도 있고, 둘 중 한 사람만 다르게 행동할 수도 있다.

관계 구제하기 방법 3
: 상대가 올바르게 하는 행동을 발견하라

상대의 최근 행동 중 좋은 점수를 줄 만한 행동을 골라 직접 말해 주거나 노트를 작성하라. 상대가 당신을 보살펴 주었거나 이해해 주었다고 느낀 일, 혹은 당신에게 도움이 되었던 일을 이야기하라. 좋은 기분을 느끼게 해준 상대의 행동들을 구체적으로 이야기하고, 감탄하고 놀라움을 느꼈던 행동들도 언급하라. 당신이 원하는 방식으로 상대가 행동했거나, 비슷하게라도 행동했던 것을 찾아내 칭찬하라. 상대가 다투는 중에도 공정하고 사려 깊게 행동했거나, 문제를 해결하기 위해 도움을 주려고 했다면 이를 알아주어야 한다.

또 당신이 올바르게 행동한다면 자신에게도 점수를 주어라. 다만 점수를 매기는 기준에 '나는 맞고 상대는 틀렸다'라는 생각을 넣어서는 안 된다.

관계 구제하기 방법 4
: 비난, 감정 섞인 말들 대신 행동 대화법을 사용하라

상대의 감정을 상하게 하는 단어들을 골라내고, 덜 감정적이고 덜 도발적인 단어와 구절을 사용하라. 예를 들어 당신이 "너는 이기적이야", "넌 너의 아버지와 똑같아"라는 식으로 말하면 상대는 좋지 않게 반응할 것이다. "당신이 나를 판단하려 들면 나는 방어적으로 나올 수밖에 없어"라고 말하는 대신 "당신이 나에게 손가락질하며 치기 어리다고 비하하면 나로서는 방어적으로 나올 수밖에 없어"라고 말해보자.

관계 구제하기 방법 5
: 불만 대신 요구 사항을 말하라

행동 대화법에서는 상대의 어떤 면이 당신을 괴롭히고 있는지를 말해주는 것이 가장 중요하다. 이때 상대의 인격적 결함이나 당신의 기분을 나쁘게 한 상황만 계속 비난하지 말라. 행동 대화법을 이용해 상대의 어떤 행동이 좋지 않았는지 설명해 준 다음 원하는 행동을 요구하라. 이 방법은 일반적으로 덜 비판적이고, 상대가 더 나은 쪽으로 행동하도록 힌트를 줄 수 있다. "당신은 너무 예민해"라는 말 대신 "기분이 상했을 때 아무 말 없이 나가버리지 말고 어떤 말이라도 해주었으면 좋겠어"라고 말해보자. "이제 우리가 같이 외출하는 일은 없을 거야. 당신은 어떤 것도 하기 싫어하니까"라고 비난하지 말고 "난 최소한 2주에 한 번은 당신과 영화를 보러 가고 싶어"라고 말하자.

관계 구제하기 방법 6
: 변하기 위한 구체적인 계획을 세워라

행동 전략을 계획하고 그것을 종이에 적어 정기적으로 점검한다면 더 수월하게 변화를 꾀할 수 있다. 파트너와 함께하든 아니든 이를 실천할 수는 있지만 계획을 세울 때 중요한 몇 가지 사안이 있다. 우선 당신과 상대가 각자, 혹은 함께 할 구체적인 행동을 정하는 것이 중요하며, 그 행동을 실행할 시간표를 짜야 한다. 그 행동을 얼마나 자주 할 것인가 하는 약속도 여기에 포함된다. 또한 그런 계획들을 잘 수행했는지를 언제, 어떻게 점검할지, 각 행위들이 효과적이지 않았다면 이를 어떻게 조절할지에 관한 계획도 미리 세워두어야 한다.

예를 들어 당신과 배우자가 자녀와 떨어져 둘만의 시간을 더 가지자고 합의했다면 두 사람 중 누가 아기를 돌보는 사람을 부를 것인지, 음식점은 누가 예약하고 영화표는 누가 예매할 것인지 등의 계획을 세워라. 상대와 친밀감을 높이기 위해 노력하기로 결심했다면 상대에게 책을 읽어주거나 등을 긁어주는 등의 행동들을 어떻게, 얼마나 자주 할 것인지 계획을 세워라. 그리고 계획을 잘 따르고 있는지 점검하고, 그런 행동들이 효과가 없었다면 다른 계획을 세울 수 있도록 구체적인 시간과 날짜 등을 정하라.

관계 구제하기 방법 7 : 상대가 아닌 자신이 어떻게 변할 수 있는지에 집중하고, 그 변화를 만들기 위해 노력하라

파트너가 문제의 원인이라 할지라도 이 방법은 당신에게 변할 책임이 있다고 가정한다. 이는 사람이 주변의 변화에 즉각 반응한다는 개념을 기반으로 한다.

하지만 그렇다고 해서 함께 추던 탱고를 멈추고 갑자기 폭스트롯을 춘다면 당신의 파트너는 어떻게 되겠는가? 상대는 오래된 탱고 스텝을 바꾸지 못해 힘든 시간을 보낼 것이다. 그러니 관계에서 당신이 다르게 행동할 수 있는 부분을 찾되 그것이 상대를 힘들게 하거나 해롭게 해서는 안 된다.

관계 구제하기 방법 8
: 상대가 생각하는 당신의 고정된 이미지를 날려버려라

우리의 주변 사람들은 우리에게 고정된 이미지를 가지고 있다. 우리도 늘 하던 식으로만 행동해 그런 생각에 확신을 준다. 상대가 가진 당신의 고정된 이미지, 이를테면 집에서 아무것도 하지 않는다거나, 축구 경기를 볼 때 항상 비판적이라는 생각 등을 알아내라. 그리고 상대의 예상을 산산조각 내기 위해 노력을 기울여라. 당신의 이미지를 완전히 깨버리는 행동을 해 자신과 파트너를 놀라게 만들어라. 단 이 경우에도 그 행동이 파괴적이거나 천박해서는 안 된다.

관계 구제하기 방법 9
: 사려 깊게 들어주어라

가끔은 단지 상대의 이야기를 들어주고, 상대가 상황을 어떻게 보고 느끼는지 상상해 보는 것이 가장 간단한 문제 해결법이 되기도 한다.

자신을 변호하려 하지 말라. 상대의 인식을 바꾸려고도 하지 말라. 상대의 기분을 상하게 하는 이야기도 해서는 안 된다. 그저 자신을 상대의 입장에 놓고 상대가 그 상황을 어떻게 이해하며, 해석하고, 느끼는지를 들어보라. 그리고 만약 당신이 그 입장이라면 어떻게 느끼고 행동할지를 상상해 보라. 당신이 이해한 것을 표현하고,

상대가 얼마나 힘들었을지 알게 되었다고 말해주어라.

당신이 맺고 있는 관계가 문제에 빠져 있다면 그 어떤 것도 소용 없어 보일 수 있다. 이번에는 그러한 상황에서 빠져나오게 해주는 몇 가지 발상들과 방법들을 알아보았다. 물론 문제들이 끈질기게 지속되거나, 자신이 너무 낙담한 상태라 이러한 방법들을 시도해 볼 생각조차 하지 못하겠다면 결혼 상담사나 대인관계 상담사를 찾아가 도움을 청하는 것이 현명하다.

관계 회복하기 : 네 가지 관계 강화법

이제 제안할 방법들은 관계에서 발생하는 문제를 해결해 주고, 사실상 위기까지는 아닌 관계를 한층 돈독하게 만들어 줄 수 있다.

관계 회복하기 방법 1
: 관계가 깨지지 않았다면 그 안에는 중요한 것이 있다

쓸모없는 것을 버리기 위해 중요한 것도 같이 버리지 말라. 지금 처한 상황에서 별문제 없는 부분이 있다면 굳이 바꾸거나 의심하지 말라. 문제를 해결하기 위해 무엇이 효과적인지를 결정하고 그것을 더 행하라.

관계 회복하기 방법 2 : 전문가들의 말을 듣지 말라

요즘 사람들은 자신이 상대에게 친절하고 사려 깊게 행동한다고 느끼면 행여 동반의존증을 겪는 것은 아닌지 고민하기 시작한다. 혹은 올바른 관계에 관한 칼럼을 읽다가 자신들의 관계가 그렇지 않다며 고민에 빠진다. 하지만 '내 남자의 시동을 거는 열 가지 방법' 같은 제목의 글을 읽고 그 제안을 따르는 것이야말로 달걀로 바위를 치는 격이다. 당신이야말로 자신이 맺고 있는 관계의 전문가다. 당신의 직감과 상식을 믿어라. 당신이 좋아하고 빠져 있는 일에 관해 외부 전문가들이 "이 일은 당신과 맞지 않네요"라고 말하게 두지 말라. 여기에서 전문가들이란 잡지나 TV 쇼에 나온 전문가들뿐이 아니라 당신에게 선의를 가진 친구, 직장 동료, 친척 등 모두를 지칭한다.

관계 회복하기 방법 3 : 무언가 다른 것을 하라

"틀에 박힌 인생은 면적만 다른 무덤일 뿐이다"라는 말이 있다. 어떤 커플들은 틀에 박힌 생활에 상당히 깊게 빠져 있다. 무엇이라도 다르게 행동하려고 노력해 보자. 물론 이 행동은 도덕적이며 안전해야 한다. 만약 당신이 소비에 인색한 사람이라면 상대에게 사치스러운 물건을 사게 해보자. 당신이 집안일에 신경 쓰지 않는 사람이라면 그 일들을 해서 상대를 놀라게 할 수도 있다. 기존의 행동과는 전혀 다른 무언가를 해 틀에 박힌 생활을 허물어라. 평소대로만 행동한다면 아마 평소에 봐온 반응과 결과만 얻게 될 것이다.

관계 회복하기 방법 4 : 다르게 보는 법을 찾아라

옛말에 "하나의 생각만 갖고 사는 것만큼 위험한 일은 없다"라는 말이 있다. 우리는 자신의 관점 안에 갇혀 있으며, 자신의 관점만이 상황을 올바르게 판단하는 기준이라고 생각하는 경향이 있다. 특히 기분이 상해 있을 때 더욱 그러하다. 따라서 문제가 있거나 불행할 때 상황을 다르게 바라보는 방법을 찾아야 한다. 예를 들어 나와 문제 관계에 놓인 상대가 배우자나 연인이 아니라 자녀, 가장 친한 친구라면 당신은 이 상황을 어떻게 생각할 것 같은가?

해결 열쇠 8 : 행동 대화법을 사용해 대인관계 문제를 해결하라

대인관계에서 발생하는 문제를 해결하는 간단한 방법은 바로 행동 대화법을 사용하는 것이다. 이는 상대의 행동을 설명하고 분석하며 비난하는 대신 있는 그대로 기술하는 대화법이다. 여기 행동 대화법을 행하는 세 가지 방법이 있다.

방법 1 : 불만을 말하라

상대가 하고 있는 행동 중에서 당신이 좋아하지 않는 일을 구체적으로 서술하라. 비난과 분석에서는 멀리 떨어져라.

방법 2 : 요구 사항을 말하라

상대가 현재나 미래에 해주었으면 하는 행동을 구체적으로 서술하라.

방법 3 : 칭찬하라

당신이 상대의 어떤 행동에 감사해하며, 지속해 주기를 원하는지 알려주어라.

이걸 하는 동안
대화해도 될까

: 해결 지향적 성생활

성관계는 살아가는 아홉 가지 이유 중에 하나다. (……) 그리고
나머지 여덟 가지 이유는 중요하지 않다.

— 헨리 밀러 Henry Miller

성생활만큼이나 문제가 많은 분야도 드물다. 사람들은 대개 성생
활을 대놓고 이야기하기를 부끄러워한다. 어떤 사람들은 자신들이
'정상적'이지 않다는 것, 혹은 남들만큼 잘하지 못한다는 두려움에
고통받고 있다. 또 어떤 이들은 성관계라는 것 자체를 부끄러운 행
위라고 교육받았거나, 성적으로 학대당해 수치심과 후유증으로 고
통받는다. 이번 장에서는 이 주제에 관해 직설적으로 이야기하면서
성생활에 관한 해결 지향적 감성을 제공하고, 성생활 중 생긴 문제
를 해결할 것이다.

해결 지향적 성생활의 단계

해결 지향적 성생활을 하기 위한 주요 단계를 간단히 정리했다.

- 단계 1 : 당신이나 다른 사람이 성적으로 바라고 느끼는 것을 부정적으로 분석, 판단하지 말라. 당신이나 그들의 성적 판타지, 욕구, 바람, 느낌 등을 있는 그대로 받아들이고 이해하라. 심리학자·정신과의사·친구·가족·종교 지도자는 물론 인기 잡지·TV 쇼 등의 외부 전문가들은 법적 성인들의 성생활에 관해 무엇이 올바른지를 정의할 권리가 없다. 성생활의 '내적인 부분'을 보면 절대적인 옳고 그름이란 존재하지 않는다.

  HBO 방송국의 〈리얼 섹스Real Sex〉와 같은 쇼프로들, 인간의 성생활에 관해 쓴 킨제이Kinsey의 보고서, 쉽게 구할 수 있게 된 성인 영상물, 다양한 성적 취향과 정체성을 다루는 온라인 공간들의 급증, 그리고 점점 더 공개적으로 변하는 성 관련 토론 프로그램들은 그동안 이 분야가 혼란 속에 감추어져 왔다는 사실을 보여준다. 우리의 개인적인 행동이 보편적 성적 행동, 기호들과 부합하란 법은 없다. 정상이라고 말할 수 있는 범위는 우리가 그동안 믿었던 것보다 훨씬 넓다.

- 단계 2 : 성적으로 관계를 가진다 해도 어떤 행위는 관계에

도움이 되고, 어떤 것들은 그렇지 못한 경우가 있다. 그러므로 첫째, 당신이 원하는 것을 상대에게 직접 말하라. 다만 강요하지는 말아야 한다. 둘째, 행동 대화법을 사용하여 명확하게 말하라. 성관계 시 당신이 좋아하는 것, 싫어하는 것을 말하라. 이를 '성적 행동 불평'이라 부른다. 또 앞으로 상대가 어떻게 해주기를 바라는지 명확하게 말하라. 이것은 '성적 행동 요청'이다. 그리고 과거 성관계 시 상대가 성적으로 잘해준 것을 찾아 칭찬하라.

- 단계 3 : 과거에 자신이나 다른 사람에게 효과적이었던 행동을 떠올려라. 그리고 현재 성관계의 질을 높이거나 문제를 해소하는 데 이용하라.

- 단계 4 : 2번과 3번에서 얻은 정보들을 가지고 서로 즐길 수 있는 성생활을 만들기 위해 협상하라. 서로 동의하는 부분을 찾고, 동의하지 않는 부분 중 타협할 수 있는 부분이 있는지도 알아보라. 이때 성적 욕구나 성생활에 관한 내적 경험이 아닌 실제 행동에 집중하는 게 중요하다. 다른 사람의 느낌이나 바람을 바꾸려 하거나 무시하지 말라. 대신 행위의 변화들에 집중하라. 만약 문제가 있다면 일상의 패턴을 깨보고, 특히 성생활 패턴을 깨보라. 주말에 호텔에 가본다든가, 야한 옷을 입어보자. 혹은 야한 책을 서로 소리 내어 읽어주자.

해결 지향적 성생활의 원칙들

원칙 1: 당신이 흥분될 때, 당신은 흥분한 것이다
당신이 흥분되지 않을 때, 당신은 흥분하지 않은 것이다

성생활에 관해서 첫 번째로 이야기할 것은 개그맨 플립 윌슨^{Flip} Wilson이 수년 전에 말한 내용이다.

"당신이 흥분될 때, 당신은 흥분한 것이다. 당신이 흥분되지 않을 때, 당신은 흥분하지 않은 것이다."

느낌도 없는 성적 흥분 상태를 자신에게 강요하지 말라. 때로 몸이 자연스럽게 반응하지 않을 때가 있다. 남성들은 그럴 때 불안에 휩싸여 성적 흥분을 억지로 강요하곤 한다. 하지만 이런 시도는 대개 역효과를 낸다. 여성 역시 몸과 마음이 쉽게 반응하지 않을 때 같은 경험을 한다.

성적으로 덜 흥분한다면 이는 일시적인 현상이거나 주변 상황 때문일 수도 있다. 예를 들어 당신이 직장 문제로 지쳐 있고, 직장 일을 잊으려고 노력하는 중이라고 가정해 보자. 그 행위는 당신이 성적으로 흥분하지 못하게 방해할 것이다. 그러한 경우 부족한 흥분 상태를 받아들이는 편이 문제 해결에 도움이 된다. 다음번에는 아마 괜찮을 테니 말이다.

또 성적으로 덜 흥분될 때는 실병, 약물 복용 등 좀 더 장기적인 요소들이 원인일 수 있다. 이러한 경우에는 의사와 상담하는 것이 좋다. 혹은 이러한 상태가 평소 둘의 관계나 성생활이 지루하고, 문제가 있다는 사실을 알려줄 수도 있다. 그러나 이유가 무엇이든 원칙은 변하지 않는다. 자신에게 흥분을 강요하지 말라.

원칙 2 : 해결 지향적으로 성관계를 하라

고의적으로 흥분 상태를 만들어 내야 하는 경우도 있다. 이를 위해 할 수 있는 것들이 있다. 과거에는 성관계를 하기 전에 반드시 감정이 따라야 한다고 믿어왔다. 하지만 근대 치료법과 심리학계에서는 행위를 통해서 감정을 인위적으로 만들어 낼 수 있다고 본다. 즉 당신이 성적으로 아무런 느낌이 들지 않는다면 성적인 행위들을 하는 것이 반응을 불러일으킬 수도 있다는 이야기다. 아주 늦은 어느 밤, 당신은 고된 하루를 보냈고, 당신과 상대는 피곤하다. 한동안 성관계를 하지 못했다는 사실을 알고 있는 상태에서 서로 마주 본다. 둘 중 한 명이 "하고 싶어?"라고 묻는다. "피곤하긴 한데 당신이 원하면 할 수 있어"라고 다른 한 명이 대답한다. 이때 서로 성적인 행동을 하면 흥분이 되어 피곤함도 줄어든다. 만약 당신이 성적인 문제들을 가지고 있다면 과거에 효과적이었던 행동이나 생각을 찾고 그것들을 인위적으로 이용할 수 있다.

한 젊은 여성이 나에게 상담을 하러 왔다.

"제가 정말 상담이 필요한지 잘 모르겠어요. 약혼자는 저한테 문제가 있다고 생각해요. 그는 제가 결혼 전에 이 문제를 해결하지 못하면 앞으로 결혼 생활이 불행해질 거라더군요.”

“어떤 종류의 문제인가요?”

내가 묻자 여성은 매우 부끄러워했고 불편한 침묵 속에서 몇 분이 흘렀다. 결국 여성은 이렇게 내뱉었다.

“성적인 문제가 있어요.”

“어떤 문제인가요?”

“우리가 성관계를 할 때 저는 오르가슴을 느끼지 못해요. 약혼자는 제가 계속 오르가슴을 느끼지 못하면 결혼 생활에 만족하지 못하거나 바람이 날지도 모른다고 걱정해요.”

“이번이 당신의 첫 관계였나요?”

“아니요, 전에 두 명 정도 진지하게 만난 상대가 있었어요. 첫 상대는 고등학교 때 몇 년간 만난 사람이었어요. 그와 헤어지고 6개월 뒤에 다른 남성과 만났어요. 그때도 성관계를 했지만 한 번도 오르가슴을 느낀 적이 없어요.”

나는 여성의 말을 잠깐 끊고 말했다.

“첫 번째 남자 친구와 성관계를 할 때는 오르가슴을 느꼈다는 말인가요?”

“네, 몇 번쯤이요.”

“좋아요, 첫 번째 남자 친구와 성관계를 할 때, 오르가슴을 느끼는 데 무엇이 도움이 되었나요? 지금의 약혼자보다 그 남자 친구를 더 신뢰했다든가, 당신이 원하는 것들을 더 자유롭게 이야기했다든가, 피임을 해서 더 편했을 수도 있고요. 또는 손으로 자극을 하거나 애무, 혹은 다른 체위가 도움이 되지는 않았나요?"

"아, 지금 생각해 보니 구강성교를 할 때 대부분 오르가슴을 느꼈던 것 같아요."

"상대와 구강성교를 할 때 오르가슴을 더 자주 느꼈다고요?"

내 물음에 여성은 그렇다고 대답했다.

"약혼자와 성관계를 할 때 오르가슴을 느낀 적이 있나요? 만약 그렇다면 무엇이 도움이 되었나요?"

여성은 약혼자와도 구강성교를 할 때 한 번 오르가슴을 느꼈다고 대답했다.

"그때를 제외하고 그와 구강성교를 할 때는 오르가슴을 느끼지 못했었나요?"

"아니요, 그와 구강성교를 한 건 딱 한 번이었어요."

"그런 식으로 오르가슴을 느낄 수 있는데 왜 약혼자와 구강성교를 다시 하지 않았나요? 당신이나 약혼자가 그것을 불편하게 여겼나요?"

"아니요, 그렇게 생각하지 않아요. 그냥 그 이후로 그렇게 하지 않았어요."

"그럼 오르가슴을 느끼는 데 구강성교가 도움이 된다고 약혼자에게 말해본 적이 있나요?"

"아니요. 제가 그에게 사실을 말해야 할까요?"

여성은 오히려 나에게 되물었다.

"그럼요, 그렇게 하는 것이 좋겠어요."

"그렇군요!"

여성은 황급히 자리에서 일어나며 시도해 보겠노라고 말했다. 여성은 2주 후에 찾아와 의기양양하게 말했다.

"그게 효과가 있었어요!"

"잘됐군요!"

나는 이렇게 대답했지만 별로 놀랍지는 않았다. 사실 이 여성은 어떻게 해야 오르가슴을 느낄 수 있는지 아주 잘 알고 있었다. 그저 이 사실 자체를 인식하지 못했을 뿐이다. 즉 여성과 약혼자가 어려운 문제라고 생각했던 일은 이미 해답이 나와 있었다.

요지는 성관계라는 것이 느낌, 생각, 행위의 조합이라는 것이다. 이 책의 앞부분에서 말했듯이 당신은 성적인 문제를 해결하기 위해 행동, 관점, 관심사를 바꿔볼 수 있다. 이를 잘 보여주는 또 다른 이야기를 해보겠다.

나는 어느 부부를 만난 적이 있다. 그들은 지난 30년간 성관계를 한 끝에 더는 열정이 느껴지지 않는다고 말했다. 그들도 초반에는 상당히 즐겁고 다양하게 성관계를 했지만 시간이 흐를수록 시들해졌고, 결국 어느 시점부터는 성관계를 전혀 하지 않았다. 그뿐 아니라 친근감도 잃어버렸다.

부인은 몇 년 전에 남편이 깜짝 선물로 '꿈의 여행'이라는 네팔 배낭여행 상품을 구입한 일이 원인이라고 말했다. 부인은 그 선물을 받고 실제로 놀랐다. 하지만 남편에게 그 배낭여행 상품을 원하지 않는다고 말했다. 결국 남편은 예약을 취소했고, 부인은 이 일로 남편이 화가 많이 났다고 느꼈다. 부부는 미묘한 별거를 시작했고, 이 사건이 너무도 골치 아팠던 나머지 그들은 이후 무엇도 의논하지 않았다. 부인은 이 사건이 오랫동안 성관계를 하지 않은 원인이라고 생각했다.

남편은 부인의 설명을 듣자 그게 원인이 아니라고 했다. 그럼 무엇 때문이었냐고 묻자 그는 멋쩍게 웃으며 부인이 살이 너무 많이 쪄서 그랬다고 대답했다. 남편은 그것을 언급해서 부인의 마음을 다치게 하고 싶지 않았다. 자신도 살이 너무 많이 쪄서 그 부분을 예민하게 생각하고 있었는데, 그런 자신이 부인에게 뭐라고 하는 것이 말이 안 된다고 생각했다. 그렇지만 성적 관심이 줄어드는 것은 어떻게 할 수 없었다. 둘은 최근 운동과 체중 감량 프로그램을 이용해서 체중을 줄이기 시작했다.

하지만 이러한 프로그램들의 효과를 보기까지는 어느 정도 시간이 필요하다. 그래서 나는 두 사람이 당장 성적 친밀감을 회복하도록 구체적인 행동들에 초점을 맞췄다. 나는 그들의 표현대로 과거 '뜨거운' 성관계를 할 때는 무엇을 했느냐고 물었다. 그들은 자신들을 '다양한 장소와 체위를 즐기는 성 모험가들'이었다고 묘사했다. 나는 그들에게 열정적으로 사랑하던 때 하던 것들을 다시 시도해 보라고 제안했다. 부부는 그날 저녁 집에 돌아가 바로 성관계를 했고 그 이후로 많은 '뜨거운' 밤을 보냈다고 했다. 그들은 행위가 감정을 만들어 내는 것을 경험하고 몹시 놀라워했다.

원칙 3: 성관계 시에도 행동 대화법을 사용하라

성관계는 서로 등을 긁어주는 행위와 비슷하다. 다른 사람에게 당신이 원하는 것을 알려주고, 어떤 것이 당신을 기분 좋게 하는지 말해주어야 한다는 점에서 특히 그렇다. 상대에게 등을 긁어달라고 부탁할 때는 "아니, 약간 밑에, 왼쪽으로. 그래, 바로 거기. 좀 더 세게. 그거야! 고마워"와 같이 원하는 것을 상대에게 알려 주어야 한다. 아무 말도 하지 않으면서 상대가 가려운 부위를 찾아줄 거라고 기대하는 사람은 없을 것이다. 하지만 우리는 성관계 시 아무 말도 하지 않고, 무엇이 좋은지 알려주지도 않으면서 상대는 알 것이라고 기대한다.

사실 나는 이런 문제를 잘 알고 있다. 나 역시 어릴 때는 굉장히 수줍어했고, 성관계는 대놓고 이야기하는 것이 아니라고 배웠기 때문이다. 이 가르침은 나와 상대가 무엇을 원하고, 어떤 것이 좋고 싫은지를 이야기하지 못하게 만들었다.

나의 첫 번째 성관계는 신기하고 약간은 무서웠다. 내가 제대로 하고 있나? 내 파트너는 이 경험을 즐기고 있을까? 오르가슴을 느끼고 있을까? 내가 다르게 행동하길 바라지는 않을까? 이후에도 나와 성관계를 하려 할까? 나는 경험이 부족했기 때문에 이 주제에 관해 많이 공부했다. 하지만 실제는 책에서 읽었던 것과 많이 달랐고, 공부로 준비해 온 것들은 그다지 노움이 되지 못했다. 그럼에도 불구하고 나는 궁금한 것들을 상대에게 물어볼 수가 없었다. 그런 말을 하는 것이 너무 부끄러웠으며, 경험이 없는 사람처럼 보이는 것도 당시에는 꽤 두려웠기 때문이다. 불행하게도 나의 파트너는 내가 리드하는 대로 따라주었고, 무엇이 좋았고 그렇지 않았는지는 이야기하지 않았다. 물론 이후에도 시도하고 싶은 것들을 절대 이야기하지 않았다.

그렇게 몇 번의 만남을 거쳐 성관계에 상당히 개방적이고 거리낌 없어 하던 한 여성을 만났다. 관계를 시작하자 여성은 나에게 어떻게 해달라고 말하기 시작했다. 이를테면 가슴을 애무해 달라거나, 클리토리스를 애무해 달라는 식이었다. 정말 충격적인 경험이었다. 나는 이러한 행동을 '이걸 하는 중에 말을 해도 된다는 거지?'라는 뜻으로 받아들였다.

이는 다음에 일어난 일에 비하면 아무것도 아니었다. 여성은 자기가 어떻게 해주길 바라는지 묻기 시작했다. 그뿐 아니라 다양한 성적 자극을 주며 그것들이 좋은지 싫은지를 물었다. 나는 이러한 행동을 '이걸 하는 중에 말을 해야만 한다는 거지?'라는 뜻으로 받아들였다.

처음의 불편함을 극복하자, 나는 내가 이런 식의 성적 상호 작용을 정말 선호한다는 사실을 깨달았다. 이러한 상호 작용은 등 긁어주기를 떠올리게 한다. 우리는 왜 무엇이 기분 좋고 나쁜지를 상대에게 알려주지 않을까? 이런 식의 구체적인 의사소통은 당신의 성생활에 존재하는 다양한 불안감과 수치심을 제거해 준다.

당신은 지금쯤 9장에서 말한 불만 말하기, 요구 사항 말하기, 칭찬하기를 떠올릴 것이다. 이번 장에서 말하는 방법들은 이전과 달리 실제 성생활에 아주 구체적으로 적용하기를 제안한다.

나와 상담을 한 어떤 커플은 자신들이 성적 기호에 관해 말하는 것을 극도로 꺼린다는 사실을 깨달았다. 그래서 나는 서로에게 편지를 쓸 것을 제안했다. 편지에는 성관계 중에 무엇이 좋았고 고마웠는지, 앞으로는 어떤 것들을 해보고 싶은지 적도록 했다.

성생활에 관해 의사소통의 어려움을 겪고 있는 한 커플을 상담했을 때, 나는 일어나서 칠판에 두 개의 리스트를 써 내려갔다.

"A에 있는 단어들을 B에 있는 단어들과 연결해 보세요."

그들은 이 리스트를 통해 의사소통을 시작하고 자신들의 성적 기호를 함께 알아볼 수 있었다.

성적 기호 짝 맞추기

A	B
손가락	입
혀	클리토리스
입	음경
음경	질
질	가슴
손	젖꼭지
	항문
	피부

원칙 4 : 차이를 협상하라

성적 욕구나 기호가 상대와 다른 경우가 종종 있다. 해결 지향적 접근법에서는 이러한 차이를 어떻게 해결할까? 첫째, 당신이 하려는 것들에 관해 반드시 협상하라. 이전에 말했듯 성적 욕구, 기호 같은 상대의 내면세계를 바꾸려 들어서는 안 된다. 또 남들을 부정적으로 규정하거나 분석하려 하지 말라. 상대나 자신이 어떤 문제를 가지고 있는지에 관한 이야기도 만들지 말라. 당신이 개인적으로, 혹은 파트너와 하려던 행동에 관해서만 협상하는 것이 가장 효과적이다.

나는 한 커플을 상담했다. 그들은 성관계 횟수를 두고 갈등을 겪고 있었다. 남성은 여성이 일주일에 한 번 정도만 성관계를 원하는 것을 불합리하다고 생각했다. 그는 일주일에 최소한 네다섯 번 정도, 가능하다면 매일 성관계를 하길 원했다. 여성은 남성을 섹스광이라고 생각했고, 이를 치료해야 한다고 생각했다. 이렇게 서로의 잘못이라고만 생각하는 것은 문제를 해결하는 데 전혀 도움이 되지 않는다. 나는 그들에게 비난을 멈추고 타협을 시작하라고 권했다.

우리가 찾아낸 첫 번째 문제는 성관계에 관한 둘의 관념이 다르다는 것이었다. 여성은 남성이 삽입을 전제로 한 성관계만 요구한다고 생각했다. 하지만 남성은 자위행위를 할 때 자신의 허벅지를 문질러 주는 정도로도 만족했다. 이 정도는 여성도 기꺼이 해줄 수 있었다. 두 번째 문제는(남성이 매우 부끄러워하는 부분이었다) 여성이 잠든 사이에 남성이 인터넷 사이트에서 포르노 영상을 찾는 것이었다. 남성은 이 행동이 여성을 향한 신의를 저버리는 짓이라고 생각했다. 그런데 여성의 생각은 달랐다. 여성은 그런 비밀을 자신에게 숨기지 않기를 바랐고, 그를 냉혹하게 비난하지 않았다. 그들은 한 달에 한 번 성인 비디오를 같이 보기로 결정했고, 그는 몰래, 충동적으로 인터넷을 뒤지지 않기로 동의했다. 그리고 그는 여성이 어떤 포르노물에서는 상당히 흥분한다는 사실을 알고 매우 놀라워했다. 남성은 상대가 성에 관심이 없는 편이어서 서로 만족하는 성생활을 누릴 수 없을 거라고 믿었다. 하지만 이는 남성의 생각을 완전히 바꿔주었다.

원칙 5 : 원하는 것을 요구하되 강요하지 말라

원하는 것을 요구하고 좋아하는 것을 말하는 일은 아주 중요하지만 상대가 원치 않는 것을 강요해서는 안 된다. 사람들은 원치 않는 방식을 강요당하는 등 불편한 분위기에서 좋은 반응을 보이지 않는다. 그러므로 상대에게 무언가를 강요하거나 강제하지 말라. 반대로 어떤 사람들은 상대가 거절하거나 싫어할 것 같아서 자신의 성적 욕구를 말하거나 행동하기를 꺼린다. 하지만 상대에게 이러한 이야기를 해야 한다. 자신이 무엇에 흥미를 느끼는지를 알려주는 일은 중요하다.

원칙 6: 창의적인 사람이 되어라

틀에 박힌 것들에서 빠져나와라. 새로운 체위, 장소, 대화, 의상, 도구 등을 시도하라. 이것들이 좋았다면 책이나 잡지, 자신이 써놓은 것들에서 발견한 성적 판타지들을 읽어보자.

원칙 7: 스케줄을 짜라

성관계를 하기 위해 늦은 밤까지 기다리거나, 기회가 저절로 올 것이라고 기대하지 말라. 직장 생활, 사회생활, 가족 행사 때문에 바쁜 와중에도 성관계를 위한 스케줄을 짜야만 한다. 다시 한번 말하지만 여기서는 부담을 떨치는 것이 중요하다. 성관계할 시간이 없다면 서로 등을 문질러 주거나, 이야기하거나, 끌어안아 줄 수도 있다. 성관계를 하게 된다면 아주 훌륭하겠지만 그렇지 않다면 쉬면서 이 특별한 시간을 함께 즐겨라.

원칙 8: 성적 판타지와 욕구는 정체성과 반드시 일치하지 않으며, 행동을 이끌지도 않는다

성적 판타지와 성적 욕구가 반드시 동일한 성질을 띠지는 않는다. 또 당신이 어떠한 성적 판타지를 가지고 있다고 해서 그것이 실제로 일어나기를 바란다는 뜻은 아니다. 가령 당신은 동성과의 성관계 같은 성적 판타지를 가질 수 있지만 현실에서 이것을 겪고 싶지는 않을 수도 있다.

당신의 성 정체성도 마찬가지다. 많은 사람이 동성에게 매력을 느끼지만 자신을 동성애자라고 정의하지는 않는다. 마찬가지로 동성애자들도 이성에게 가끔 매력을 느끼지만 그들은 여전히 자신을 게이나 레즈비언이라고 생각한다.

당신은 자신이 편안함과 매력을 느끼는 것을 자신의 성 정체성이라고 말한다. 이는 자신을 그렇게 정의하기로 '선택'한 것이다. 당신을 흥분시키는 요소에 관해서는 선택지가 많지 않을 수 있다. 하지만 성 정체성만은 훨씬 자유롭게, 기호에 따라 선택할 수 있다는 이야기다. 어떤 사람들은 평생 동안 주로 남성이나 여성 한쪽에 매력을 느끼지만, 그들은 자신을 매우 다른 식으로 정의한다. 당신이 부정하려고 해도 성 정체성은 정치적 행동이며, 누구든 자신의 사상을 정리해야만 한다.

요점은 스스로 느끼고, 상상하고, 생각하라는 것이다.

원칙 9 : 완전한 오르가슴을 찾아라

과정을 무시한 채 목표 때문에 너무 전전긍긍하지 말라. 오르가슴을 느끼기 위해 지나치게 노력하는 것은 오히려 오르가슴을 느끼지 못하게 하거나, 느끼더라도 완전히 즐길 수 없게 만든다. 반대로 오르가슴을 드물게 느낀다면 이것을 일상에서 더 자주, 편안하게 경험하도록 만들어 보라. 앞에서 소개한 방법들을 활용하면 된다.

사정이 빨리 끝나는 경우라면 어떻게 해야 할까? 우선 속도를 늦추고, 때로는 움직임을 멈춘 채 절정에 가까워지는 느낌에 집중하라. 많은 남성이 계속 움직여야 상대가 더 좋아할 것이라고 생각한다. 사정 시점을 조절하는 기술은 얼마든지 배울 수 있다. 남성이 천천히 호흡을 맞추는 법을 익히도록 함께 노력하고, 과정 자체를 즐기도록 도와주자.

두 사람이 동시에 절정에 도달하는 일은 가능한가? 물론이다. 위와 마찬가지로 적절한 대화를 나누고 부담감을 벗어버리면 가능하다. 어떤 연인들은 꽤 자주 함께 절정을 느끼지만 어떤 연인들은 자신들의 느낌을 조절하지 못하고 각자 다른 타이밍에 절정에 도달하곤 한다.

해결 지향적 성생활의 원칙들 요약

원칙 1 요약: 당신이 흥분될 때, 당신은 흥분한 것이다
당신이 흥분되지 않을 때, 당신은 흥분하지 않은 것이다
당신이 성적으로 끌리는 것들과 그렇지 않은 것들을 받아들이고 인정하라. 반면 서로에게 원치 않는 것을 강요하면 보통 역효과를 불러일으킨다. 그것은 당신과 상대를 오히려 덜 흥분하게 만든다. 편안하게 마음을 먹고 감정이 흐르는 대로 놔둬라. 만약 지속적으로 흥분이 되지 않을 때는 질병, 다른 관계, 개인적인 일 등이 원인일 수 있다.

원칙 2 요약: 해결 지향적으로 성관계를 하라

과거에 즐거운 성생활을 누렸던 때를 떠올려라. 그리고 당시의 행동을 반복하기 위해 당신이 할 수 있는 것들을 하라. 만약 그러한 과거를 떠올릴 수 없거나 그렇게 하는 것이 별 도움이 되지 않는다면 생각, 행위, 상호 작용, 환경 등 어떤 것이든 좋으니 변화를 시도해 보라.

원칙 3 요약: 성관계 시에도 행동 대화법을 사용하라

행동 대화법을 이용해 솔직하게 말하라. 당신이 상대와 성관계를 할 때 좋아하지 않는 것, 앞으로 해주길 바라는 것, 과거에 한 것 중 좋았던 것을 말하라.

원칙 4 요약: 차이를 협상하라

상대의 성적 욕구, 기호 등 내면을 바꾸는 데 집중하지 말라. 대신 서로가 동의하고, 모두에게 효과적인 행위들을 찾는 데 집중하라.

원칙 5 요약: 원하는 것을 요구하되 강요하지 말라

누군가에게 성적인 무언가를 강요하는 일은 일반적으로 성적인 흥미를 크게 떨어뜨린다. 당신이 생각하기에 좋은 것들이라 할지라도 상대가 원하지 않는다면 강요하지 말라. 마찬가지로 상대가 원하는 것을 당신이 바라지 않는다고 해서 자신을 수치스럽게 생각할 필요는 없다.

원칙 6 요약: 창의적인 사람이 되어라

성관계는 반복적이고 틀에 갇혀버릴 수 있다. 흥미와 생기를 불러일으키기 위해 다양한 일을 시도해 보라.

원칙 7 요약: 스케줄을 짜라

요즘같이 바쁜 세상에서는 성관계를 하기 위해 스케줄을 짜야 할 수도 있다. 하지만 그 스케줄에 얽매여서는 안 된다. 일단 계획한 시간에 당신이 성관계를 할 수 있는지 확인한다. 만약 상황이나 시간이 여의치 않을 때는 그 시간을 다른 방식으로 즐겨라.

원칙 8 요약: 성적 판타지와 욕구는 정체성과 반드시 일치하지 않으며, 행동을 이끌지도 않는다

어떤 상상이 떠올랐다고 해서 그것이 실현되기를 바란다는 뜻은 아니다. 상상력을 마음껏 펼쳐라. 그러고 나서 상대와 당신의 성적 판타지를 이야기하고, 그것을 시도해 볼지 결정하라.

성적 욕구는 당신을 그런 사람이라고 정의하지 않는다. 당신이 동성과 성관계를 하는 상상을 한다고 해서 그것이 당신을 동성애자로 만들지 않는 것처럼, 이성과 성관계를 하는 상상을 한다고 해서 동성애자가 될 수 없는 것도 아니다.

원칙 9 요약: 완전한 오르가슴을 찾아라

매번 오르가슴을 느끼려고 전전긍긍하지 말라. 편안하게 마음을 먹고 과정을 즐기는 것이 중요하다. 다만 당신이나 상대가 단 한 번도 오르가슴을 느끼지 못했다면 주기적으로 오르가슴을 느끼도록 당신이 할 수 있는 일들을 찾아라.

과거의 유령 몰아내기

: 풀리지 않은 일을 해결하고
문제 예방 의식 행하기

우리는 포기하는 법을 배울 필요가 없다. 단지 언제 이미 끝났는지를 깨닫는 법만 배우면 된다.

—스즈키 슌류 鈴木俊隆

이전 장들에서 배운 해결 지향적 접근법을 적용한 후에도 여전히 해결되지 않은 과거의 일이 있을 수 있다. 이 장에서는 과거의 트라우마를 빠르게 해결해 줄 방법을 보여주겠다.

해결 지향적 접근법에서 우리는 두 가지 유형의 의식을 행한다. 첫 번째는 트라우마에서 벗어나기 위해 일반적으로 단 한 번만 행하는 의식이다. 이 유형을 '의지적 의식'이라고 부르겠다. 두 번째는 반복적으로 행하며 하나의 습관으로 발전시키는 의식이다. 이 유형은 문제 발생을 미리 막고 안정감을 재정립하기 위해 사용된다. 이 유형을 '안정적·관계적 의식'이라고 부른다.

해결 열쇠 9 : 과거에서부터 지속된 문제를 해결하기 위해 의식을 행하라

거의 모든 문화권에서는 무언가를 다른 국면으로 이행하고 나아가도록 이끌기 위해 의식을 행한다. 대부분의 종교는 같은 목적으로 의식을 치른다. 유대교에는 '시바Shiva'라는 의식이 있다. 이는 가족의 죽음 후 일정 기간 내에 행하는 의식으로, 첫 주에는 집 안 거울들을 천으로 덮는다. 가족들은 찢어진 검정 옷을 입고 집을 벗어나지 않는다. 장례를 치른 다음 달에는 해야 할 또 다른 의식들이 있다. 그리고 그해 말, 죽은 자를 위한 기도문을 읊고 무덤 앞에 비석을 세운다. 가톨릭에서는 죽어가는 사람에게 '병자 성사'라고 부르는 마지막 권리가 주어진다.

이 의식들은 모두 특별한 행동을 하고, 시간제한이 있다는 점이 특징이다. 이 의식들은 사람들에게 해야 할 일을 정해주어 앞으로 나아가게 돕는다. 당신도 과거에 갇혀 꼼짝하지 못하고 있을 때 그것을 분석하고 깊이 생각해 보는 대신 의식을 행할 수 있다. 이 방법은 풀리지 않은 일을 해결하기 위해 당신을 행동하게 해줄 것이다.

바버라Barbara는 자신의 인생이 마음에 들지 않았다. 바버라는 독신이었고, 외로웠으며, 직업에도 만족하지 않았다. 건강 문제도 있어서 과체중이었고, 어릴 적 성적으로 학대당한 경험도 있었다. 바버라는 자신이 사랑스러운 사람이라고 느껴본 적이 단 한 번도 없었다.

그러던 어느 날, 슈퍼마켓에서 한 남성이 바버라에게 말을 건넸다. 그는 스쿼시를 만드는 법을 물어보았다. 바버라는 그의 질문들에 예의 바르게 답해주고 자리를 옮겼다. 그런데 남성은 장을 보는 내내 자연스럽게 바버라를 따라왔다. 처음에는 약간 짜증이 났고 무섭기도 했지만 어느새 바버라는 남성에게 빠져 이야기를 나누게 되었다. 그렇게 쇼핑이 끝나갈 무렵, 남성은 자신을 정식으로 소개했다. 남성의 이름은 톰Tom이었고, 그는 바버라에게 데이트를 신청했다. 바버라는 우쭐해져서 이에 응했다. 톰이 어떤 사람인지는 여전히 확신할 수 없었지만 바버라는 톰에게 강한 호기심을 느꼈다. 바버라는 이제 삶이 더 나아질 거라고 기대에 부풀었다.

이후 몇 달간은 더없이 행복했다. 톰은 로맨틱한 사람이어서 바버라에게 꽃을 사주고, 매일같이 전화했으며, 시를 적어주었다. 톰은 1년에 10만 달러를 버는 성공한 사업가라고 했다. 둘은 결국 사랑에 빠졌고 곧 성관계까지 하게 되었다.

그 후로 몇 가지 문제가 나타나기 시작했다. 톰은 바버라에게 자신의 집 전화번호나 주소를 가르쳐 주지 않았다. 그는 혼자 있는 시간을 좋아한다고 말했다. 만약 바버라가 전화해야 할 일이 생긴다면 자신의 화물차에 연결된 무선 전화기로 전화하면 된다고 말했다. 톰은 바버라 외에 다른 여성과 셋이서 성관계를 하는 성적 판타지도 들려주었다. 사소한 일로 가끔 거짓말도 했다. 하지만 이런 문제들을 제외하고 둘의 관계는 여전히 좋았다. 바버라는 인생에서 처음으로 행복을 느꼈다. 친구들과 직장 동료는 바버라가 전성기를 맞이했다고 말했다. 바버라는 톰에게 결혼에 관해 이야기하기 시작했다. 톰도 그것을 열렬히 바라는 듯 보였다.

어느 날, 바버라는 이웃과 일상적인 대화를 하던 중에 우연히 톰의 이름을 꺼냈다. 이웃은 톰의 부인이 여전히 텔레마케팅 회사에서 일하는지를 물었다. 바버라는 놀랐지만 이웃이 톰을 다른 이로 착각한 것이 틀림없다고 생각했다. 하지만 이야기가 더 진행되자 톰이 실제로 결혼했으며, 10대 아들도 있다는 사실이 명백하게 드러났다. 바버라는 충격을 받아 톰을 추궁했다. 톰은 오히려 자신을 염탐했다며 격분했다. 그리고 바버라가 이 상황을 계속해서 비난하자 톰은 집에 들이닥쳐 바버라를 강간했다. 바버라는 두 번 다시 톰을 보지 못했다.

바버라가 치료를 받으러 왔을 때, 바버라는 여전히 흥분한 상태였고 톰이 벌인 상황이 끝나지 않았다고 느끼고 있었다. 바버라는 사람들을 피했고, 낯선 남성이 자신에게 관심을 보이면 두려움을 느꼈다. 바버라는 자신을 혐오하기 시작했다. 특히 머리카락에 강한 불만을 느끼고 있었다. 톰이 바버라의 붉은 머리카락을 좋아했고, 머리를 감겨주곤 했던 기억이 떠올랐기 때문이다.

그 상황을 이야기하다 보니 뮤지컬 〈남태평양South Pacific〉의 노래 중 하나가 마음속에 떠올랐다. 〈지금 막 내 머리카락을 스쳐 지나간 그 남성을 씻어내겠어요I'm Gonna Wash That Man Right Outa My Hair〉라는 곡이었다. 바로 그 시점에서 바버라는 하나의 의식을 계획했다. 바버라는 어린 시절 자신을 학대한 사촌들과 톰에게 편지를 썼다. 바버라는 기만당하고 버려진 자신의 기분을 편지에 모두 담았다. 그러고 나서 위의 노래를 들으며 편지를 불태웠고, 머리를 감고 또 감았다. 삶에서 톰과 사촌들을 완전히 씻어냈다는 느낌이 들 때까지 말이다.

해결 의식을 치르기 위해 당신은 상징적인 무언가를 찾아야만 한다. 즉 트라우마나 문제, 끝내지 못한 사건과 관련된 물건을 찾아야 한다. 이는 트라우마와 관련된 사람의 사진일 수 있고, 트라우마가 생긴 시기의 자기 사진일 수도 있다. 또한 사고 당시에 타고 있던 차량의 조각처럼 트라우마와 관련한 물체가 될 수도 있다. 상징물을 찾았다면 다음에는 해당 상황을 떠나보내는 과정을 상징해 줄 활동을 계획하고 수행하라. 해당 물건을 태우거나 묻을 수도 있고, 멀리 던져버릴 수도 있다.

한 남편이 이웃집 여성과 외도를 저질렀다. 부인은 장롱 뒤에서 연인의 이름이 쓰인 열쇠고리를 발견하고 모든 사실을 알아버렸다. 부인은 남편을 다그쳤고 그는 외도를 시인했다. 부부는 갈라섰지만 다시 한번 노력해 보기로 결심했다. 상담을 받는 몇 달 동안 많은 고성이 오가고 눈물을 흘렸다. 결국 두 사람은 재결합하게 되었다. 그러나 이 모든 사태가 정리된 후에도 부인은 남편의 외도 사실을 잊지 못해 괴로워했다. 나는 부인의 분노를 풀어주기 위해 해결 의식을 계획했다. 연인의 이름이 쓰인 열쇠고리를 찾는 일부터 의식을 시작했다. 그것이 외도의 상징이었기 때문이다.

부인은 그 열쇠고리에 자신의 감정을 표현할 물리적인 방법을 찾아냈다. 사실 부인은 남편이나 그 외도 상대에게 직접 감정을 표현하고 싶었다. 하지만 부인은 그 열쇠고리를 베란다에 놓고 망치로 두드렸다. 그러나 그렇게 하는 것만으로는 만족스럽지 않았다. 부인은 완벽한 의식을 치르기로 결심했다. 부인은 열쇠고리를 차도에 던졌다. 그러고는 차로 열쇠고리를 여러 번 밟고 지나갔다. 그 의식은 부인의 분노를 충분히 풀어주었다. 그 후 부인은 일상과 부부 생활 중에 남편의 외도를 떠올리고 괴로워하지 않았다.

이러한 해결 의식은 혼자 해볼 수도 있고, 다른 이들과 함께 해볼 수도 있다. 언제, 어디에서, 누구와 진행하는 것이 가장 적합할지 생각해 보라. 기념일이나 다른 중요한 날에 진행할 수도 있고, 중요한 의미를 지닌 장소에서 행할 수도 있다.

캐리Carrie는 지난 여섯 달 동안 한 남성과 다정한 관계를 맺었지만 그럼에도 불구하고 우울했다. 캐리는 몇 년 전에 이혼으로 끝나버린 전 남편과의 결혼 생활을 곱씹었다. 전 남편은 캐리와 아이들에게 육체적으로 악랄하게 굴었고, 자주 술에 취해 있었으며, 외도를 일삼았다. 화가 난 나머지 캐리와 아이들을 차로 치려고 한 적도 있었다.

나는 캐리에게 당시의 결혼 생활을 상징하는 그림을 한 장 그려달라고 제안했다. 캐리는 예술과는 거리가 멀다며 거부했지만 나는 그림이 미술관에 걸리지는 않을 테니 편하게 한 장 그려달라고 말했다. 그리고 그렇게 하는 것이 과거에서 자유로워지는 데 도움이 될 거라고 했다. 캐리는 나선형을 하나 그렸다. 남편과의 관계가 자신과 아이들을 위험한 소용돌이 속으로 빨려 들어가게 하는 욕조 같았기 때문이었다. 다음 상담 시간에 캐리와 만났을 때, 나는 그 그림을 태우라고 말했다. 캐리는 그 의식에 현재 남자 친구도 참석시키기로 결정했다.

캐리가 다시 상담실에 왔을 때, 그는 내게 짐짓 화를 냈다. 나는 당혹스러워 왜 그러는지를 물었다.

"그림을 태울 거라는 사실을 알았더라면 훨씬 크게 그렸을 거예요. 그림이 타 버리는 광경을 오랫동안 지켜볼 수 있으니까요! 그건 너무 빨리 타버리더군요."

나는 그림을 다시 그려서 의식을 치러도 된다고 말했다. 하지만 캐리는 이제 예전 일을 곱씹지 않게 되었기 때문에 의식을 두 번 치를 필요가 없다고 대답했다.

해결 의식을 치르기 전에는 당신이 감정적으로나 육체적으로 준비가 되었다는 사실을 확실하게 하는 것이 중요하다. 즉 억지로 의식을 치르지 않는 것이 핵심이다. 앞으로 나아갈 준비가 되었지만 최선을 다해도 놓을 수 없는 일이 있다면, 이를 해결하기 위해 지금 할 수 있는 정도의 행위를 한다는 점이 중요한 것이다.

내가 대학 시절 사귄 여자 친구는 어려운 가정에서 자랐다. 여자 친구의 부모님은 나쁜 의미로 격렬한 결혼 생활을 했고, 아이들은 싸움의 한가운데로 자주 내몰려야 했다. 부모는 아이들이 누구에게 더 충성하는지를 두고 경쟁을 벌였다. 이것이 지긋지긋했던 여자 친구는 대학 입학을 위해 집을 떠나면서 해방감을 느꼈다. 하지만 얼마 되지 않아 여자 친구는 어머니로부터 편지를 받았다. 어머니는 아버지가 얼마나 끔찍한 사람인지를 늘어놓고, 여자 친구가 늘 아버지의 편만 들었다는 점을 장황하게 비난했다.

여자 친구는 편지를 읽을 때마다 몹시 화가 났다. 그래서 내게 어머니의 편지를 미리 검토하고, 나쁜 내용이 있으면 경고해 달라고 했다. 또 여자 친구는 나쁜 내용을 읽지 않으려 했다. 하지만 나쁜 내용 중에는 간간이 좋은 이야기들도 있었으므로 나는 여자 친구가 그 부분만은 읽어보기를 바랐다. 결국 내가 편지를 검토하고, 나쁜 부분을 잘라내면 여자 친구가 편지를 읽기로 결정했다.

그런데 나는 (이상하게도) 편지에서 오려낸 안 좋은 내용을 버리고 싶지 않았다. 나는 그 부분들을 모아두기 시작했다. 물론 여자 친구가 우연히 그 글을 읽을 수 없도록 우리 집 주방 탁자 위 도시락용 바구니에 넣어두었다.

시간이 조금 흐르자 나는 오싹한 기분이 들었다. 자주 드나드는 주방에 그 모든 적대적인 단어들을 모아두다니. 나는 여자 친구에게 그것들을 집으로 가져가 달라고 말했다.

"절대 그럴 수 없어. 나도 그런 부정적인 내용을 내 집에 두고 싶지 않아."

논의를 거친 끝에 우리는 여자 친구의 어머니에게 편지의 조각들을 보내기로 했다. 여자 친구는 봉투를 하나 사서 오려두었던 모든 조각을 넣고 메모를 동봉했다.

사랑하는 엄마, 많은 편지를 보내주셔서 감사해요. 그런데 저는
이 부분들을 원하지 않아요.

사랑하는 딸로부터

그 후로 여자 친구는 다시는 끔찍한 내용의 편지를 받지 않았다.

상실과 큰 슬픔을 치유하기 위해 해결 의식을 행할 수도 있다. 그
러나 4장의 내용을 떠올려 볼 때, 자신과 다른 이들의 감정을 무시
하지 않고 인정하는 것이 중요하다. 어떤 사건 뒤에는 정상적인 슬
픔의 과정이 따른다. 하지만 이것이 고통스럽다는 이유로 해결 의
식을 이용해 인위적으로 탈출해서는 안 된다. 해결 의식은 과거를
뒤로할 준비가 되었으나 앞으로 나아가지 못할 때 당신을 도와주는
하나의 방법이다.

백혈병으로 어린 자녀를 잃은 한 부부가 있었다. 캐럴린Carolyn은
사랑스러운 아이였고, 그런 아이가 항암 치료로 고통받는 모습을
지켜보는 일은 너무나 끔찍했다. 캐럴린의 마지막 몇 달 동안 병원
은 부부에게 제2의 집이었고, 소아종양학과의 의료진들은 제2의
가족이었다. 캐럴린이 세상을 떠난 후, 부부는 삶이 텅 비어버렸다
고 느꼈다. 캐럴린을 잃게 되었을 뿐 아니라 병원에서 시간을 보내
지 않았기 때문에 제2의 가족도 잃어버린 셈이었다.

부부는 상처가 치유되기 시작했지만 캐럴린의 기일이 다가왔다.
부부는 다시 한번 그 고통스러운 슬픔을 겪어야 한다는 사실이 두
려웠다. 그래서 우리는 하나의 의식을 고안했다. 부부는 캐럴린이

매우 좋아했던 과일나무를 뒷마당에 심고 사진을 찍었다. 그들은 캐럴린의 기일마다 나무의 사진과 과일을 의료진들에게 전달했다.

해결 열쇠 10 : 문제를 예방하고 결속력을 다지기 위해 안정적·관계적 의식을 발전시켜라

문제를 해결하기 위해 의식을 이용하는 두 번째 방법을 소개하겠다. 사실 이 방법은 문제 예방에 더 효과적이다. 바로 안정성을 만들어 내고, 당신을 삶과 더 긴밀하게 연결해 주며, 누군가와의 결속력을 다져줄 습관이나 의식을 발전시키는 방법이다.

나는 35년간 결혼 생활을 해온 부부를 상담한 적이 있다. 그들은 이혼을 앞두고 나를 찾아왔다. 부인은 그들이 단 한 번도 친밀한 관계를 가진 적이 없다고 불평했다. 기술자인 남편이 감정을 결코 드러내지 않는다는 것이었다. 남편은 자신이 무엇을 생각하는지는 말했지만 감정이 어떠한지는 좀처럼 말하지 않았다.

"제가 남편의 감정에 관해 알고 있는 것이라고는 흥분밖에 없어요. 왜냐하면 남편은 항상 잠자리만 원하거든요."

나는 부인의 이 말이 "남편의 성대와 성기 사이에는 거대한 미지의 땅이 있어요"라고 들린다고 말했다. 나는 두 사람이 결혼 생활을 지속하려면 그 미지의 땅에 무엇이 있는지 알아내야 한다고 지적했다. 다행히 한번 노력해 보겠다는 대답이 돌아왔다. 문제는 남편이 아주 오랫동안 자신의 감정을 생각해 보지 않았다는 사실이었다.

"저는 제 기분이 어떤지를 제일 마지막에 알게 되는 사람이죠."

남편이 농담을 던졌다.

"제가 느끼고 있는 것을 부인이 말해주거든요. 제 느낌을 제가 알기도 전에요."

잠시 대화를 나눈 후, 나는 남편을 이해하기 시작했다. 그는 정말로 자신의 감정을 인지하지 못하는 듯 보였다.

나는 부부에게 친밀감을 형성하기 위해서 해야 할 일을 말해주었다. 그들은 '걸음마'부터 시작해야 했다. 우선 남편은 두 사람 모두가 읽을 만한 책을 한 권 구한다. 둘은 매일 밤 15분에서 30분간 독서를 한다. 그리고 책에 대한 감상을 나눈다. 남편은 이 의식을 완수해 냈다. 부부는 그들의 결혼 생활에서 아주 오랜 시간 빠져 있었던 친밀감을 느끼게 되었다.

내 친구 팀Tim이 관계적 의식을 발달시키는 법에 관해 매력적인 이야기를 들려주었다. 팀은 한 여성과 첫 데이트를 하던 무렵, 여성을 정기적으로 집에 초대해서 저녁을 만들어 주었다. 그 여성은 후에 팀의 부인이 되었다. 어쨌든 저녁 식사 후에 그들은 설거지를 함께 하곤 했다. 팀이 세제와 물로 그릇을 씻으면 여성이 마른 수건으로 그릇을 닦는 식이었다. 그들은 저녁 식사 후의 설거지 의식을 즐겼다. 멋진 대화들은 이 시간 동안 이루어지곤 했다. 몇 번의 데이트 후에 여성은 팀의 주방에 식기세척기가 설치되어 있다는 사실을 알았다. 여성은 당연히 그것이 고장 났다고 생각했다. 여성은 아직도 식기세척기를 고치지 않았다며 팀을 놀렸다. 팀은 식기세척기가 고장 나지 않았다고 말했다.

"그러면 우리는 왜 설거지를 손수 했지?"

여성이 놀라며 물었다. 팀은 설명을 시작했다.

"처음 저녁을 먹은 날에는 설거지할 그릇이 별로 없었어. 그래서 식기세척기를 사용하는 게 낭비라고 생각했지. 그런데 그 후에는 당신과 설거지하는 일이 너무나 즐거워서 식기세척기가 있다고 말할 수가 없었어. 당신이 나와 설거지를 하고 싶어 하지 않을 것 같았고, 그렇게 우리의 특별한 시간이 사라질까 봐 두려웠거든."

즉 손수 설거지를 하는 일은 두 사람을 연결해 주는 정기적 의식이었으며, 그들은 그 의식을 지금까지 행하고 있다.

당신 혼자서, 혹은 다른 이들과 함께 반복적으로 할 수 있는 것이라면 뭐든지 안정적·관계적 의식이 될 수 있다. 긍정적인 방식으로 자신이나 다른 사람들에게 연결되기만 하면 된다. 매일 밤 산책을 나가는 일이 될 수도 있고, 잠자리에 들기 전 일기를 쓰는 일이 될 수도 있다. 토요일 밤마다 함께 영화를 보러 갈 수도 있다. 일주일 중 하루, 저녁 식사 후에 가족이 한데 모여《성경》을 읽는 것도 의식이 될 수 있다.

책의 초반에 내가 언급했던 정신과의사 스티브 울린은 한 가지 실험을 했다. 대상은 알코올의존증 환자가 있는 가정이었는데 통상의 연구와 달리 문제 자녀를 두지 않은 가정이 대상이었다. 즉 연구 대상이 된 가정의 아이들은 알코올의존증 환자로 성장하지 않았으며, 마약 중독자가 되지도 않았다. 또 알코올의존증 환자 가정의 자녀가 보이는 대표적인 문제점도 지니고 있지 않았다. 울린은 관계적 의식이 아이들을 보호해 준 중요한 요소 중 한 가지라는 사실을 발견해 냈다. 이 가정들은 관계적 의식을 통해 가족을 지킨 것이다. 이 가정들은 생일을 축하하고, 명절을 기념했으며, 정기적으로 함께 예배를 드렸다. 저녁도 함께 먹었다. 매일 밤 잠들기 전 책을 읽거나 이야기를 나누었다.

내 성장기의 비결을 알려주자면, 저녁 6시 식사 시간이 되면 가족 모두가 식탁에 둘러앉았다. 이것은 여덟 명의 아이를 둔 나의 가정에서 나온 경험이니 신뢰해도 된다. 저녁을 같이 먹지 않으려면 특별한 이유가 있어야만 했다. 저녁 식사는 우리 가족을 연결해 주는 시간이었다. 피아노 교습, 스포츠 연습, 학교 활동 등 여러 가지 사안으로 지칠 대로 지친 와중에도 우리는 그 특별한 시간을 매일, 함께 보냈다.

또한 정기적인 주간 의식이 있었다. 우리 가족은 가톨릭교도여서 일요일이면 모두 잘 차려입고 10시 예배에 참석했다. 우리가 다니던 성당이 일요일 예배 외에 토요일에도 예배를 드리기 시작하자 우리 가족의 의식도 둘로 갈라지게 되었다. 왜냐하면 가족 중 몇 사람이 아침에 일찍 일어나고 싶지 않으므로 토요일 저녁 예배에 나가겠다고 했기 때문이다. 하지만 이는 크게 문제가 되지 않았다. 이것은 가족과 내 삶에 존재하는 여러 의식 중 하나일 뿐이었기 때문이다.

우리에게는 또 다른 의식도 있었다. 대가족이었기 때문에 몇 주에 한 번, 혹은 그 이상으로 가족의 생일이 돌아왔고, 생일을 맞은 사람은 고깔모자를 쓰고 생일 축가를 들었다. 축가는 항상 두 번씩 울려 퍼졌다! 첫 축가가 끝나면 아버지가 우렁차게 소리쳤기 때문이다.

"힘차게 한 번 더!"

그 후에 생일 당사자가 조용히 소원을 빌고, 한 번에 촛불을 모두 끄려고 애썼다(남동생의 생일에 우리가 가짜 촛불로 바꿔치기했을 때는 예외였다).

고유의 전통이 있는 크리스마스와 추수감사절을 하나의 의식으로 만들어 볼 수도 있다. 실제로 몇 년 후, 울린의 조사는 안정적·관계적 의식들이 자녀에게 건전한 영향을 미쳤다는 사실을 보여주었다. 그 의식들은 트라우마적인 상황에 놓였을 때조차 아이들에게 보호받고 있다는 느낌을 심어주었다.

연습 : 정기적인 습관을 기억해 내고 관계를 회복하라

홀로, 혹은 가족들과 규칙적으로 행하던 활동을 생각해 보라. 영화를 보러 갔을 수도 있고, 책을 읽었을 수도 있다. 다른 사람에게 책을 큰 소리로 읽어주었는지, 혼자 조용히 읽었는지는 상관없다. 산책, 달리기, 또는 어떤 종류의 운동을 꼽을 수도 있다. 배우자에게 매일 밤 해주던 발 마사지 등 정기적인 습관이나 의식은 생각보다 많다.

당신의 현재 상황을 보았을 때, 어떤 정기적인 의식이라면 다음 달에 수행할 수 있겠는가? 문서를 작성하거나 다른 이들에게 알림으로써 의식을 수행하겠다고 약속하라. 한 달 후에 자신이나 다른 사람의 상태를 확인해 보고 그 의식이 당신에게 적당한지 판단하라. 적당하지 않다면 그것을 효과적으로 만들기 위해 무언가를 조정하거나, 다른 의식을 찾아라. 매일 밤 의식에 전념해서 효과가 없었을지도 모른다. 일주일에 세 번이 현실적인 횟수일 수 있으므로 이도 조정해 보라. 또 예전에는 효과적이었던 활동이 당신의 삶과 더는 맞지 않게 되었을 수도 있다.

해결 열쇠 10 : 문제를 예방하고 결속력을 다지기 위해 안정적·관계적 의식을 발전시켜라

- 안정적·관계적 의식이란 혼자, 혹은 함께 정기적으로 반복하는 활동으로, 자신이나 타인과의 유대감을 만들어 주는 행동들을 말한다.
- 이러한 의식들은 사람 간의 유대감과 친밀감을 강화해 줄 뿐 아니라 스트레스나 트라우마를 견디게 한다.

넘어졌다면
적어도 올바른 방향으로
나아가고 있다는 뜻이다

: 해결 지향적 삶

일곱 번 넘어져도 여덟 번째에 일어서는 것이 인생이다.

–롤랑 바르트 Roland Barthes, 《연인의 말들A Lover's Discourse》 중

이 책에서 나는 당신의 삶을 엄청나게 바꿔줄 사고방식과 실천법을 소개했다. 이제 해결 지향적 삶의 원칙들을 한번 요약해 보겠다.

해결 지향적 삶의 원칙

1. 당신이 무엇을 생각해 왔고, 어떻게 느끼고 있는지를 인정하는 것은 중요하다. 그러나 당신의 감정이나 과거가 현재와 미래의 행동을 결정해서는 안 된다. 당신을 전적으로 규정하지 않는 선에서 그것들을 인정하고 받아들여라.

2. 문제를 해결하기 위해 효과가 있는 방식에 주의를 집중하라. 왜 일이 제대로 되지 않는지, 누구의 잘못인지를 분석하는 데 너무 많은 시간과 에너지를 쏟아붓지 말라.

3. 어떤 방식이 효과적인지를 발견하기 위한 첫 번째 단계는 지금 당신이 맞닥뜨린 상황과 유사한 과거의 경험을 찾는 것이다. 그때 효과가 있었던 행위를 기억해 내라.

4. 아래 영역 중 당신이 반복하고 있는 것을 살펴보라.

- 행동.
- 다른 사람들과의 상호 작용.
- 무언가에 주의 기울이기.
- 자신에게 말하거나 생각하는 것(인생 이야기나 자신, 문제, 타인).

만약 지금 하고 있는 것이 효과적이지 않다면 다른 무언가를 시도해 보라. 패턴을 깨고 문제가 바뀌는지 아닌지를 발견하라.

5. 당신이 좋아하지 않는 과거나 불안한 미래에 머무르지 말고 당신이 희망하는 미래의 모습에 집중하라. 그 미래가 이미 이루어진 것처럼 확신을 가지고 말하라. 당신이 서 있고 싶은 위치를 떠올리고, 그 위치에 이르렀을 때 하고 싶은 일을 구체적으로 그려보라. 그리고 그 미래를 가로막

는 현실적 장애물과 상상 속 장애물 모두를 인정하고 관리하라. 미래를 구체적으로 그리며 그곳으로 나아가기 위한 행동을 시작하라.

6. 문제를 해결하기 위해 영성을 사용할 수도 있다. 영성은 일상생활, 제한된 믿음, 이기적인 생각들을 뛰어넘을 방법을 선사한다.

7. 인간관계에서 남을 비난하고, 꼬리표를 붙이며 분석하는 굴레를 피하라. 다른 사람들이 과거에 한 일과 현재 하고 있는 일에 관해 당신이 무엇을 싫어하는지를 구체화하라. 그리고 사람들에게 당신이 원하는 행동을 알게 해주어라. 그들이 해준 일 중 당신이 감사함을 느끼고, 계속해 주었으면 하는 행동이 있다면 그 공로를 인정해 주어라. 문제가 계속 반복된다면 패턴을 바꿔라. 한 사람이 역할을 바꾸면 두 사람의 관계를 바꿀 수 있다.

8. 성생활 영역에서는 당신이 느끼고 바라는 것이 나쁘거나 잘못되지 않았으며, 비정상적이지 않다는 사실을 깨닫는 것이 중요하다. 당신과 다른 사람들의 성적 욕구, 기호를 받아들여라. 성관계 시 당신이 무엇을 좋아하고 좋아하지 않는지를 상대와 구체적으로 대화하라. 다시 한번 말하지만 서로를 비난하거나 규정하지 않아야 한다.

9. 이러한 전략들을 시도해 본 후에도 여전히 문제에 빠져 있거나 과거의 어떤 문제들로부터 벗어나지 못한 느낌을 받

는다면 해결 의식을 치러라. 아직 마무리되지 않은 문제들
을 상징하는 물체를 하나 찾아라. 그리고 그것을 태우거
나, 묻거나, 던져버려라. 그것이 당신의 인생에서 사라지는
일을 상징하는 행위를 하는 것이다.

10. 트라우마적인 사건으로부터 회복하거나, 그로 인한 문제
들을 막기 위해 안정적·관계적 의식을 행할 수도 있다. 즉
자신이나 다른 사람과 연결되는 데 도움이 되는 행위(혹은
안정적이고 예측 가능한 인생을 만드는 데 도움이 되는 행위)를
자주 반복하는 것이다.

'부모들을 위한 십계명'이나 전문가를 조심하라

소설을 쓸 때 세 가지 법칙이 있다고 한다. 하지만 불행하게도
그것이 무엇인지 아무도 모른다.

—서머싯 몸Somerset Maugham

한 남성이 '부모들을 위한 십계명'이라는 제목의 강연을 열었다.
육아 고민에 빠진 부모들이 이 강연에 참석했고, 굉장히 멀리서 온
이들도 있었다. 부모들은 더 나은 부모가 되는 법을 배웠다. 그런데
강연을 열 당시 그 남성은 미혼에 아이도 없었다. 어느 날 그는 꿈에
그리던 여인을 만났고, 결국 결혼까지 하게 되었다. 경사스럽게 아

이도 생겼다. 그는 '부모들을 위한 다섯 가지 제안'이라고 제목을 바꾸어 강연을 열었다. 그 후로 부부는 아이를 한 명 더 낳았고, 그는 '부모들을 위한 세 가지의 자신 없는 힌트'라고 강연명을 바꿨다. 그리고 셋째 아이가 태어나자 남성은 강연을 그만두었다.

내가 책을 쓸 때 언제나 진지하게 의식하는 것이 있다. '정말 현명하게 잘 쓰인 책이라 하더라도 인생은 그보다 훨씬 복잡하다'라는 것이다. 따라서 이 책이 의도한 것 자체를 받아들여 주기를 바란다. 당신에게 도움이 된다고 생각하는 것은 받아들이고, 효과가 없거나, 당신이 잘못됐다고 매도하는 듯한 느낌을 받았거나, 당신의 가치와 부합하지 않는 내용이 있다면 무시하라. 마크 트웨인Mark Twain은 언젠가 이렇게 말했다.

"건강 관련 책들을 읽을 때는 주의하라. 문장의 오타 때문에 죽을 수도 있다."

자신을 신뢰하고, 어떤 것이 자신에게 효과적인지 관심을 가져라. 만약 당신이 받는 치료가 효과가 없거나, 어떤 지도자로부터 가르침을 받고 있지만 도움이 되지 않는다면 계속해서 따르지 말라. 대신 당신의 상식을 이용하라. 이 책에서 말하는 내용조차도 모두 신뢰해서는 안 된다. 만약 효과가 없다면 이용하지 말라. 소용없는 방법을 사용하는 것은 정신 나간 짓이나 다름없다. 따라서 이 책에서 말하는 생각들은 위에서 말한 '세 가지의 자신 없는 힌트' 정도로 생각하라. 이것들이 당신의 인생에서 어떠한 결실을 만들어 주지 않았다면 그냥 좋은 생각들일 뿐이다.

행동하라, 그리고 효과적인 것들에 집중하라

아니다 싶으면 하지 말라.

－에이전시닷컴Agency.com의 비공식 모토

해결 지향적 접근법의 본질은 실용성에 있다. 만약 당신이 이용한 방법이 효과가 없다면 또 다르게 행동해 보라. 그리고 따라오는 결과에 집중하라. 만약 그것이 효과가 있다면 계속하고, 그렇지 않다면 다른 것을 시도하라.

어떤 이는 이러한 접근법을 '준비, 조준, 발사'가 아닌 '준비, 발사, 조준'이라고 묘사하기도 한다. 준비하고, 무언가를 시도하고, 의도했던 결과를 얻을 때까지 다시 조정하라.

무엇이 사람들을 이런 식으로 살지 못하게 방해할까? 보통 사람들은 같은 일을 반복하면서 다른 결과를 기대한다. 늘 하던 생각과 습관은 그들을 제한적인 방향으로만 인도한다. 마치 밧줄에 묶인 북극곰과 비슷하다. 밧줄을 풀어줘도 북극곰은 여전히 제한된 공간에서만 서성인다.

이와 유사하게 우리는 비효율적인 것들을 반복하고, 상황을 같은 방식으로만 바라본다. 결과적으로 원하지 않는 상황에 계속 머무른다. 사실 우리가 그 상황에 꼭 머물러야 하는 것도 아니다. 그저 다른 가능성이 있다는 사실을 보지 못할 뿐이다. 이 책에서는 이러한 비효율적인 패턴을 깰 수 있는 방법들을 제안했다.

미국이 인류를 달에 보내려 할 때, 존 F. 케네디John F. Kennedy가 이 계획을 공표하자 많은 사람이 흥분하고, 비전을 실현하는 데 헌신적이었다. 하지만 곧 회의론자들이 등장했다.

"그 계획은 불가능합니다. 지구의 대기권으로 다시 진입할 때의 열을 견딜 만한 합금이 없기 때문입니다."

그러자 찬성론을 펴는 사람들은 헌신적으로 바쁘게 움직였고, 많은 노력 끝에 회의론자들이 말한 합금을 만들어 냈다. 그러자 회의론자들은 또 이렇게 말했다.

"좋아요. 이제 우리는 필요한 합금을 가지고 있습니다. 하지만 우주선의 궤도를 실시간으로 조정하기 위해서는 엄청난 전산 능력을 가진 패키지가 필요합니다. 이것을 우주선에 실을 수 있을 정도로 작게 만드는 건 불가능할 겁니다."

목표에 헌신적인 사람들은 작업을 계속했고, 곧 실리콘칩을 개발해 그들이 말한 전산 능력을 보유하게 되었다. 요점은 목표에 헌신한 사람들은 해결책을 찾을 때까지 계속 행동했고, 상황을 바꾸었다는 것이다. 그들은 문제들을 있는 그대로 받아들였다. 그리고 모든 가능성을 열어두고 유연하게 대처했다.

대부분의 자습서와 심리학 이론서는 변화가 불가능하다고 믿는 회의론자들과 유사하다. 반대로 어떤 부류는 너무 긍정적이어서 문제들을 전혀 이해하지 못하거나 알아차리지 못하는 경우도 있다.

해결 지향적 접근법은 문제와 장애를 인지하고, 원하는 결과를 얻을 때까지 계속 실험해 보는 것이다. 이를 위해서는 결과들에 주의를 기울이고, 효과가 있는 방법에 집중하는 것이 중요하다. 해결 지향적인 태도를 갖기 위해서는 실수를 기꺼이 받아들이고, 행동을 수정하며, 완벽주의가 되는 것을 피하고, 왜 그것들이 효과가 없는 지를 항상 알아야 한다. 왜 이러한 결과들이 나왔는지를 잘 설명할 수 있다는 사실에 만족해서는 안 된다.

만약 당신의 믿음이나 이야기들이 무언가를 성취하는 데 방해가 된다면 그것들에 애착을 가질 필요가 없다. 또 결과를 성취하기 위한 특정 방법에 너무 집착하는 경우도 있다.

새로운 가능성을 항상 열어두어라. 딜레마에 빠졌다면, 다른 것을 시도하라.

해결 열쇠 요약

해결 열쇠 1: 문제 패턴을 깨라

해결 열쇠 2: 해결 패턴을 찾아서 활용하라

해결 열쇠 3: 감정과 과거를 인정하되 현재, 미래의 행동을 결정짓게 두지 말라

해결 열쇠 4: 주의를 전환하라

해결 열쇠 5: 현재의 문제를 해결할 수 있는 미래를 상상하라

해결 열쇠 6: 문제 이야기를 해결 이야기로 바꿔라

해결 열쇠 7: 문제를 초월하고 해결하기 위해 영성을 이용하라

해결 열쇠 8: 행동 대화법을 사용해 대인관계 문제를 해결하라

참고 문헌

Kaminer, W.(1993). *I'm dysfunctional, you're dysfunctional: The recovery movement and other self-help fashion.* New York: Vintage Books.

Lederer, W. J. and Jackson, Don D. (1990). *The mirages of marriage.* New York: W.W. Norton & Company.

Lord, B. B. (1991). *Legacies: A Chinese mosaic.* New York: Fawcett Books.

Rouse, J. (1985, October). "Commencement Address," *Johns Hopkins Magazine*, P. 12.

관성 끊기

1판 1쇄 인쇄 2026년 1월 21일
1판 1쇄 발행 2026년 1월 28일

지은이 빌 오한론
옮긴이 김보미
발행인 김정경
책임편집 김은경 **마케팅** 김진학 **디자인** STUDIO 보글

발행처 터닝페이지
등 록 제2022-000019호
주 소 04793 서울 성동구 성수일로10길 26 하우스디 세종타워 본동 B1층 101/102호
전 화 070-7834-2600
팩 스 0303-3444-1115
대표메일 turningpage@turningpage.co.kr
인스타그램 www.instagram.com/turningpage_books
페이스북 www.facebook.com/turningpage.book

ISBN 979-11-93650-29-5 (03190)